湛庐CHEERS

与最聪明的人共同进化

HERE COMES EVERYBODY

激活你的学习脑

Pour mieux apprendre et enseigner

[加] 史蒂夫·马森 著
Steve Masson
唐 静 译

ACTIVER SES NEURONES

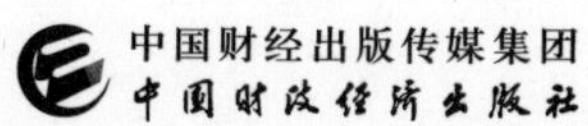
中国财经出版传媒集团
中国财政经济出版社

Activer ses neurones
Pour mieux apprendre et enseigner

前 言

高效学习，从认识“大脑”开始

从出生那一刻开始，我们一生都在不断学习。我们先是学走路、学说话，然后在学校里学习阅读、写作、算术以及许多其他技能。即便在成年以后，无论在生活中，还是工作中，我们都在不断学习以适应环境和提升自我。

学习不仅在人生的各个阶段无处不在，它也让每个人因此而与众不同。正是过往的学习造就了当下的我们。在一定程度上，我们的记忆、知识、技能，甚至是我们的个性，都取决于我们所学到的东西以及这些学习在我们大脑中留下的痕迹。

尽管学习是我们生活中最重要的组成部分之一，但令人惊讶的是，无论是在家里、在工作中，甚至是在学校，我们都很少谈论该如何学习。我们都知道学习是在大脑中进行的，但并不知道学习对大脑究竟有什么影响，更不知道学习时大脑发生了哪些变化，以及这些变化是如何发生的。

然而，了解大脑及其学习机制能够为我们提供一些思路，以帮助我们更好地学习。这些思路不但能让我们更好地对孩子进行家庭教育，更好地实现在学校的教与学，也能帮助孩子日后在工作中更好地激发自身潜能、收获更多成长。我们都应该对自己大脑的运行机制多一点了解，这样不但能更好地认识自我，也有助于促进学习，改善我们自己以及我们的孩子、学生或同事的学习效果。

在过去的几十年里，人们对大脑的认识有了很大的提高。由于大脑成像技术和神经科学相关研究的进步，我们对大脑的运行机制以及大脑如何使学习成为可能有了越来越多的认识。更重要的是，我们现在知道有很多因素可以促进学习，激活大脑，同时也有很多因素让学习过程变得更加复杂。

本书旨在依据丰富的研究资料，以严谨的方式为读者展现这些关于大脑和学习的知识，并让这些知识为读者所用，帮助他们学习。这一双重目标是一个相当大的挑战，一是因为有关大脑的知识可能特别复杂；二是因为从研究到实践的过程往往特别艰难。相比于其他同类著作，本书的不同之处在于没有专门探讨学习的基本机制，而是重点阐述这些机制与具体策略之间的联系，以帮助人们在学校、家庭和工作中都能更好地学习。

为了达到这一目标，本书将围绕七个原则来展开。这些原则在神经科学（认识大脑）和具体策略（促进学习）之间架起了一座桥梁。

这七个原则处于“研究”和“实践”的交叉区域内，我们选择这些原则的标准有三：

1. 它们基于科学期刊上发表的大脑数据。这类期刊采用同行评议制度，即每篇文章在发表前都经过独立的专家审议评估。这个标准可以确保相关原则所依据的数据质量。本书将会呈现相关的研究数据，以帮助读者更好地理解大脑的运行和学习机制，同时也有助于读者对本书所提出原则的有效性和确定性以及它们的局限性进行评估。

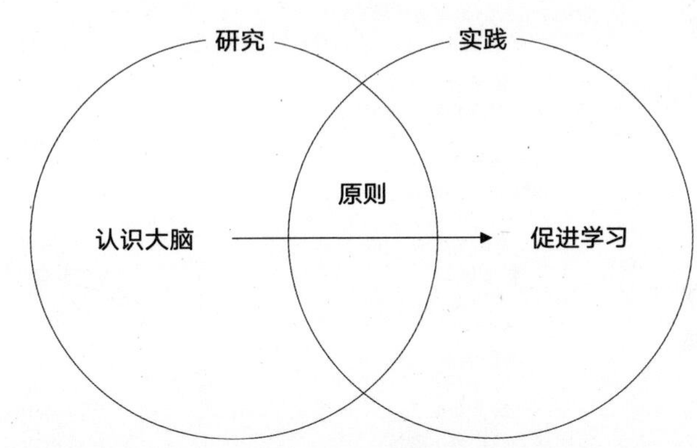

本书旨在依据基于脑科学和学习的相关研究，提出一些可以在认识大脑的运行机制与促进学习的具体策略之间建立联系的原则。

2. 它们具有普适性。它们需要适用于所有类型的学习者以及所有的学习内容。也就是说，这些原则既适用于在学校学习数学、语言或自然科学的学生，也适用于在家学习说话和社交的学龄前儿童，以及在工作中需要学习使用新软件或新工作流程的成年人。因此，本书提出的原则对于学生、家长、教师以及培训师都是适用的。事实上，它们适用于所有希望掌握学习方法的人。
3. 它们与在多个不同研究领域的科学期刊上发表的数据是相符的，尤其是在教育学、心理学和神经科学领域。因此，这个标准可以提高本书所述原则的可靠性。事实上，不同的研究方向、不同的分析维度和不同的研究方法各有其优点和局限性，当一个原则与这些研究得出的数据相符时，该原则的可靠性就会提高。因此，在本书中，不仅会列举来自神经科学领域的研究数据，还会列举来自教育学和心理学领域的数据，用以佐证和补充相关解释和应用。

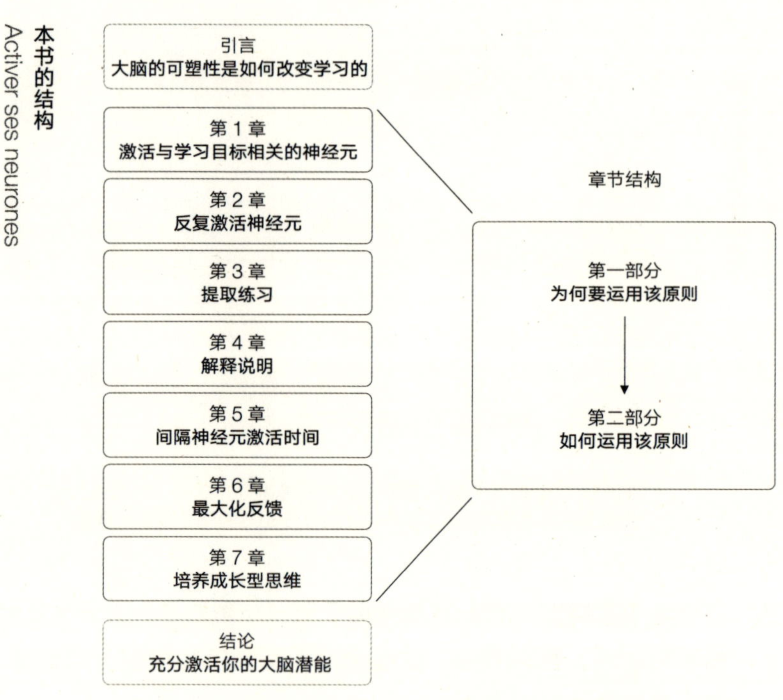

本书共七章，每一章分别探讨一个能够促进神经可塑性和学习的原则。每一章都论证了选择该原则的理由，并介绍了具体的应用策略。

本书的章节都具有相同的结构：首先，阐明应用相关原则的重要性；然后提出实现这一目标原则的具体策略。本书的核心理念是神经可塑性。事实上，要学习，人们必须改变自己的大脑，更具体地说，是必须改变大脑的神经连接。大脑之所以能够发生改变，是因为人类大脑拥有通过学习改变其神经连接的能力，我们称之为神经可塑性。从这个意义上说，本书中提出的所有原则都旨在促进大脑改变神经连接，完成学习。

Activer ses neurones

Pour mieux apprendre et enseigner

目 录

关于大脑的可塑性，你了解多少？

扫码鉴别正版图书
获取您的专属福利

扫码获取全部测试题
及答案
一起了解如何学习
效果最佳

- 在刚开始学习时，频繁更换学习环境效果更佳，这是对的吗？

  A. 对

  B. 错

- 给他人讲解知识有很多好处，比如：

  A. 巩固所学知识

  B. 提高所学知识在记忆中的保存水平

  C. 将学习到的新知识与已经掌握的其他知识联系起来

  D. 以上全对

- 进行长时间、重复性的学习有助于减少遗忘，这是真的吗？

  A. 真

  B. 假

扫描左侧二维码查看本书更多测试题

Activer ses neurones

引 言

大脑的可塑性是如何改变学习的

我们的大脑具有改变其神经连接的非凡能力。这种神经可塑性是所有学习的基础，为了更好地理解大脑的这种能力，我们要了解神经元是如何被激活的，为什么要学习就必须改变神经连接，以及有哪些科学依据表明神经连接可以被改变并证明我们的大脑确实具有可塑性。

神经元是如何被激活的

大脑的结构是非常复杂的。它由多种细胞组成，其中就包括神经元[1]。如图 0-1 所示，每个神经元由一个轴突[2]和多个树突[3]组成。人脑中大约有850 亿个神经元相互连接。树突对应大脑的灰质，轴突对应白质。

通常，一个神经元的轴突与另一个神经元的树突相连，轴突与树突的接触部位有个很小的空隙，这个空隙被称为突触[4]。为了交流，即传递电信号，神经元会在其轴突末端释放一种被叫作神经递质[5]的分子。然后这些神经递质进入突触并黏附在相邻神经元的树突表面。神经递质可以是兴奋性的或抑制性的。

与相邻神经元的树突末端接触时，兴奋性神经递质会产生正电流，该电流通过树突到达轴突的起点。相反，抑制性神经递质则产生负电流，抵消兴奋性神经递质的影响。要激活一个神经元，即让神经元的轴突产生神经冲动，必须让神经元具有足够的或正或负的电位差。换句话说，如果电位差足够大并超过一定的阈值，则会在轴突中产生动作电位，也称为神经冲动[6]。此时，神经元被激活，电流从轴突的始端传递到末端，继而释放神经递质，刺激或抑制另一个神经元的激活（见图 0-1）。

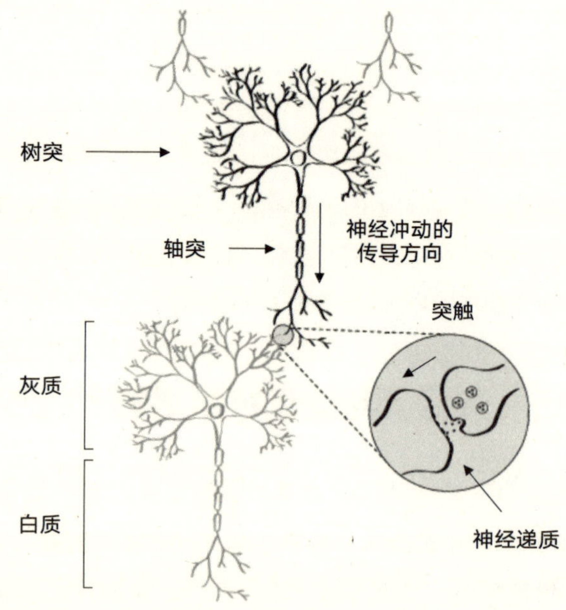

神经元由树突（从周围的神经元中接收信号）和轴突（将信号传输给其他神经元）组成。神经冲动传递到轴突末端会向突触释放神经递质，一旦被相邻神经元接收，就会影响后者的激活。树突对应大脑的灰质，轴突对应白质。

图 0-1　神经元的结构及被激活的过程

必须强调的是，在细胞层面上，一个神经元通常与大约 10 000 个其他神经元相连。因此，一个神经元的激活通常不依赖于单个神经元的作用，而是依赖于大量神经元的协同作用。此外，需要注意的是，神经元通常同时受到兴奋和抑制两种刺激，只有当兴奋明显多于抑制时，神经元才会被激活。

我们可以将神经元的激活机制作一个类比。大脑就像一个汽车司机，一只脚一直放在刹车上（抑制），而另一只脚负责踩油门（兴奋）。如果他用力踩刹车板，也就是当树突中的抑制性神经递质产生一个较大的负电流时，即便他同时也用力踩下油门，也很难让汽车前行，即激活神经元。相反，如果踩刹车板用力很小，也就是当抑制性神经递质很少，负电流较小时，只要稍微踩一下油门就足以让汽车前行了。在神经元层面，也是如此。所以，神经元是否被激活是兴奋和抑制两种刺激不断较量的结果。

为什么要学习就必须改变大脑的神经连接

神经元相互连接的方式在信息的处理和编码中起着关键作用。图 0–2 展示了神经连接是如何处理和编码信息的。以大脑识别单词“FACILE”（简单）的过程为例，其中 a 图展示了识别音节“FA”的过程，b 图则展示了解码单词“FACILE”的完整过程。

图 0–2a 以高度简化的方式展示了神经元之间的相互连接，因为实际上每个神经元平均与 10 000 个其他神经元相连，且单词的识别通常要经过一个将字母转换为该语言的读音的过程。在这个简化的神经网络中，位于我们大脑半球后部枕叶皮层的某些神经元会在我们的眼睛看到不同类型的线条时被激活（见图 0–2a 的步骤 1）。也就是说，一些神经元会被竖线激活，而另一些神经元则被横线或曲线激活。对横线作出反应的这类神经元中，子组会根据线条处于顶、中、底部的不同位置而被进一步地激活。

要识别音节“FA”，需要激活与该音节相关的特定的神经元。研究表明，大脑处理信息的方式是分级的[7]，要识别音节“FA”，大脑必须先识别字母F和A，而要识别这两个字母，它必须先识别组成这些字母的线条类型。字母F由左侧的一条竖线加上位于顶部和中间的两条横线组成。因此，与此类线条相关的神经元在图0-2a的步骤1中被激活，继而引发步骤2中编码字母F的神经元被激活。字母A的识别机制也是如此。最后，在步骤3中，分别与字母F和A相关的神经元的激活引发了与音节“FA”相关神经元被激活。

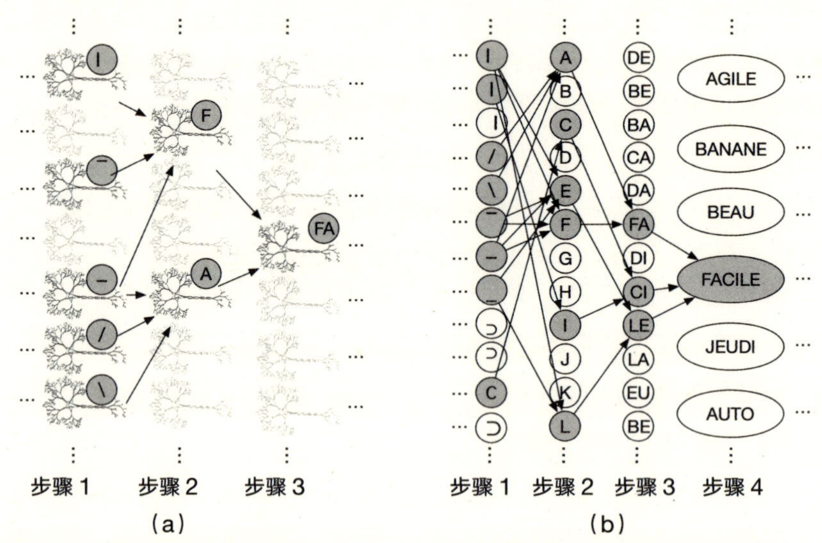

大脑中的信息处理和编码尤其取决于神经元的激活和相互连接。a 图展示了激活（灰色）与音节“FA”相关的神经元所需的神经连接（用箭头表示），b 图展示了激活单词“FACILE”所需的神经连接。

图 0–2 神经连接对信息的处理和编码

识别单词“FACILE”也是同样的机制，只是多了一个额外的步骤（见图0–2b步骤4）。事实上，要激活与单词“FACILE”相关的特定神经元，必须同时激活与音节“FA”“CI”“LE”相关的神经元，从而充分激活与单词“FACILE”相关的神经元。这些与“FACILE”相关的神经元同编码“AGILE”或“BANANE”的神经元没有本质上的区别，但由于它们与其他神经元之间的特殊连接，导致它们以不同的方式被激活。因此，神经连接对于我们处理信息的能力至关重要。学习“FACILE”这个单词，需要形成独特的神经连接，让大脑以独特的方式激活这个单词。

需要强调的是，这里以非常简化的方式介绍了这种信息处理机制，因为一个神经元或一组神经元是否被激活并不仅仅取决于神经连接的存在与否，神经元之间的连接强度也有影响。神经元之间的连接越强，一个神经元就越能促进另一个神经元的激活，比如促进神经递质的释放和捕捉。此外，当我们学习时，神经连接可能发生变化，但在通常情况下，特别是过了童年期以后，变化主要表现为神经连接的强度增强或减弱。

我们真的可以改变神经连接吗

大脑的神经连接对我们获取知识和技能起着决定性的作用。学习就是改变神经元相互连接的方式。有什么证据表明神经连接确实可以发生改变呢？

由于神经连接是发生在细胞和分子层面上的现象，我们很难通过非侵入性的方式直接观察到神经连接的变化。因此，对人类神经可塑性感兴趣的研究人员经常使用磁共振成像技术来获取大脑结构的图像。通过这些图像可以确定大脑中每个区域的灰质数量。正如此前讲到的，灰质与神经元的树突相对应。通常，一个区域的神经连接越多，树突就越多、越长，灰质数量也越多。因此，灰质数量的增加可以表明大脑中某个区域的神经连接的增多。

一项针对伦敦市出租车司机大脑的研究[8]是最早使用该指标的研究之一。为了能以最高效的方式把乘客载往目的地，出租车司机必须在大脑中形成一份非常详细的城市街道地图。该研究表明，这些司机的大脑中被称为后海马的部分具有较高的灰质数量，而该区域主要与空间成像和导航有关。更有意思的是，结果表明出租车司机经验越丰富，他们大脑中后海马的灰质就越多。这说明，出租车司机大脑中的海马之所以有更多的灰质，是因为他们详尽地掌握了街道的名称、街道间的相对位置以及单行道的位置等。

前述研究设置了参照组与伦敦出租车司机的灰质数量进行比较，而另一项研究则更直接地比较了被试学习前后的灰质数量[9]。研究人员要求不会玩杂耍的被试学习杂耍，并获取了被试训练前后以及完全停止训练 3 个月后的大脑结构图像。所得结果如图 0–3 所示。

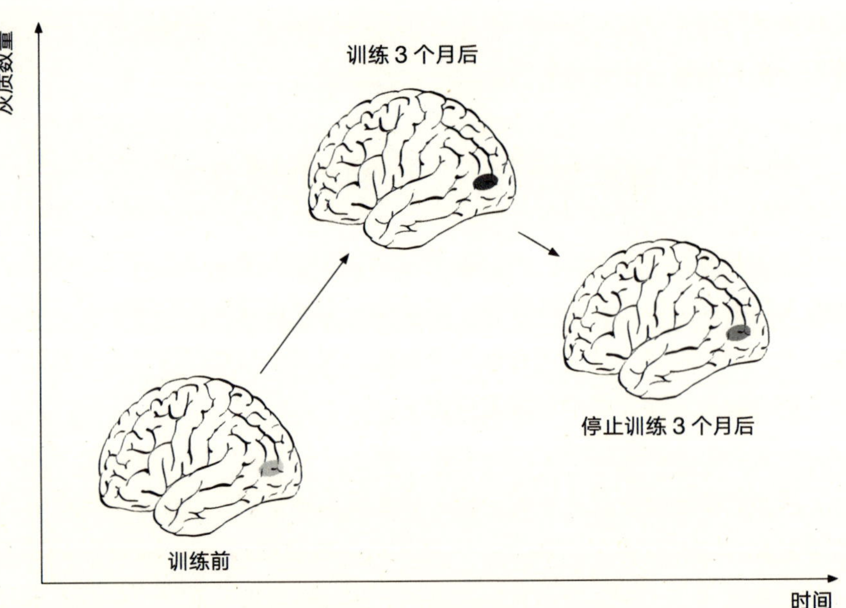

经过 3 个月的杂耍训练后，被试大脑中灰质数量显著增加，尤其是在与运动感知相关的皮层区域。如果随后停止训练，3 个月后灰质数量会减少，但不会完全恢复到初始水平。图中显示了大脑的左半球中发生的变化，大脑的右半球也发生了类似的变化[10]。

图 0–3 被试训练前后以及完全停止训练 3 个月后的大脑结构图像

在训练之前，大脑中与运动感知相关的区域具有一定数量的灰质（见图 0–3 中的灰色部分）。经过 3 个月的训练后，在学会杂耍的被试的大脑中，该区域的灰质数量显著增加了。学习杂耍可能需要提高对物体运动的分析能力，因此需要调整与此能力相关的区域的大脑连接。

这项研究最有趣的一点是，研究人员还在被试停止杂耍训练 3 个月后收集了被试的大脑图像。他们观察到，停止训练后被试大脑中的灰质数量减少了，但仍高于训练前。而且，大多数被试者在停止训练的 3 个月后都不再能很好地表演杂耍。这些发现与学习会改变大脑的观点是一致的，当你停止使用所学的东西时，大脑会逐渐恢复到原来的水平，你就会忘记所学的东西。正如著名的谚语所说："用进废退"（Use it or lose it），也就是说，当你不再使用一个东西时，你就会失去它。

神经可塑性显然并不仅仅表现在学习导航和杂耍游戏的过程中。另一项研究表明，当我们在学习颜色名称时，大脑中的灰质数量会增加，尤其是在与颜色识别相关的区域[11]。特别值得指出的是，仅在被试学习 2 个小时后，研究人员就检测到了灰质数量的显著变化。也就是说，我们用不了 3 个月就能改变大脑的神经连接。所有证据都表明，大脑中的神经元每时每刻都在调整它们之间的连接，使学习成为可能。

当然，要通过非侵入性的方式，将人类大脑中神经连接的变化进行直观的可视化呈现是很难的。因此，研究人员有时会通过动物来进行相关研究。一些人就选择了一种患有白化病的蝌蚪，通过精密的双光子成像技术来观察它们神经连接的变化[12]。

图 0–4a 展示了该研究在进行视觉刺激后获得的结果。我们可以看到，神经树在 5 天后已经有了明显的生长。神经树的结构因实验中使用的具体刺激类型而异。这一过程涉及一系列复杂的蛋白质运输和使用机制[13]，神

经元因此得以延伸、发展并建立新的连接。

图 0-4b 展示了通过树突延伸建立新的神经连接（见灰色圆圈）。左边的图显示了刺激开始 10 分钟后的神经元结构。从中间的图中可以看出，经过 2 个小时的刺激，右侧神经元的树突延长并向中间的神经元靠近。右边的图中显示，刺激开始 4 个小时后，新的神经连接已经建立。这些动态展示神经可塑性的图像令人着迷。魁北克电视台在节目《沙特奈的密码》（*Le code Chastenay*）中还曾就此做过专门报道。

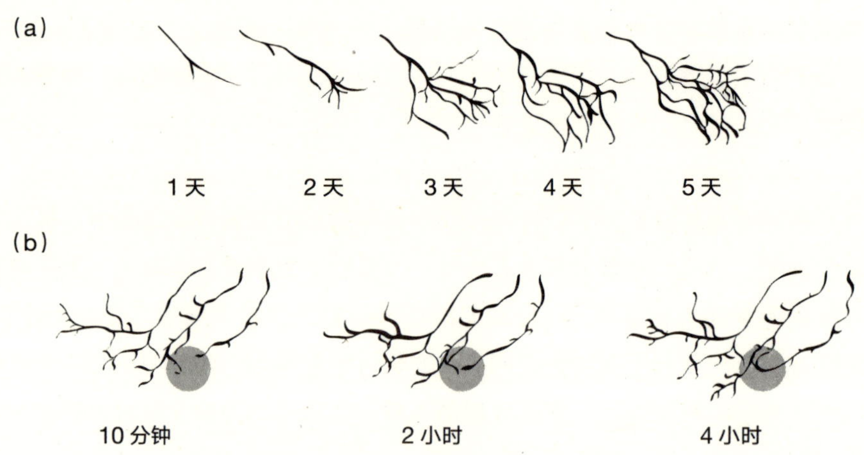

a 图显示，在蛋白质的运输和使用这种复杂的生化机制的作用下，神经元的树突延伸并产生了新的次级树突。b 图显示，树突的延伸建立了一个新的神经连接。学习不仅会改变神经连接的强度，有时还会改变神经元的大小和形状[14]。

图 0-4　学习改变了大脑的神经连接

需要说明的是，改变神经连接并不是唯一对学习起关键作用的大脑运行机制。研究表明，星形胶质细胞（一种主要负责为神经元提供营养的细胞）也会影响神经连接，而神经元之间的连接方式本身又会反过来对星形胶质细胞产生影响[15]。此外，还有其他研究表明，神经元的变化可能影响某些基因的表达[16]。尽管我们有充分的理由相信神经可塑性主要与神经连接的改变有关，但在这里仍然要以简化的方式来介绍大脑的学习机制。

学习不仅是一种心理现象，也是一种生物学现象。就如字面意思一样，当我们在动脑时，神经元在生长并彼此连接。因此，为了学习和促进学习，我们必须改变大脑及其神经连接。在接下来的章节中，我们将探讨具体哪些因素会对学习所需的神经连接的改变造成影响。

Activer ses neurones

第 1 章

激活与学习目标相关的神经元

正确的学习，需要激活正确的神经元

学习的过程，就是大脑发生变化的过程。**想要大脑发生变化，首先需要激活它，这是神经可塑性最重要的法则，也是一切学习过程的基本条件。**在此，我们将探讨关于学习最本质、最重要的原则之一：激活与学习目标相关的神经元。

为什么需要激活与学习目标相关的神经元

激活与学习目标相关的神经元为什么如此重要？我们会分三个部分来进行说明。前两部分重点解释为什么必须激活神经元，最后一个部分解释为什么不是随便激活任意的神经元，而一定要激活与学习目标相关的特定神经元。

改变神经连接

长期以来，人们一直认为大脑在人的胚胎阶段和幼儿时期逐步发育完成，此后，大脑结构和神经连接都基本不再发生变化。而今天我们已经知道，即便在成年之后，人的大脑仍然具有可塑性，能够通过改变神经连接来学习。这可以说是 20 世纪最重要的科学发现之一。如此看来，所有的学习势必都将带来一个结果，那就是深远而持久地改变大脑的神经连接。

发现大脑能够在学习中改变，无疑丰富了我们关于学习的认知。但还不足以让我们明白如何促进学习，完成学习具体需要改变哪些神经元。要找到这些问题的答案，我们必须进一步明确神经连接是通过什么机制建立起来，又是如何得到加强的。也就是说，我们需要掌握决定和影响神经可塑性的相关要素。

唐纳德·赫布（Donald O. Hebb）是最先提出用模型来说明大脑中的神经连接如何发生变化的研究人员之一[1]（详见第 2 章）。同时，他也是最早一批认为神经元之间相互连接的方式决定了思维和行为方式的学者之一。赫布关于学习如何影响大脑神经连接的研究开创了神经可塑性研究的先河。

赫布模型的核心理念在于，同时被激活的神经元会连接在一起。也就是说，如果两个相邻的神经元同时被激活，则它们彼此连接且相互之间的联系会加强，而这种联系的加强又会进一步提高这些神经元再次被同步激活的概率。这样就产生了一个不断强化的循环：**同时被激活的神经元会相互连接，从而进一步被共同激活，彼此之间的联系进一步得到强化。因此，激活神经元是建立新连接的核心。**

我们通常认为，无论是在教育领域还是在其他领域，学习者主动学习是非常重要的。确实如此。但主动并不一定意味着作出行动或者完成一项需要实际操作的任务。主动学习意味着要激活大脑，学习时必须让大脑活跃起来，因为同时被激活的神经元会连接在一起，所以重要的不是身体上的主动，而是神经元的激活。

更加高效地学习

多项研究显示，如果学习者只是被动地听课，神经元被激活的概率很小，如果教学中设计一些活动来刺激学习者的积极性，比如要求他们回答问题，就会激活与学习目标相关的神经元，学习的效率会更高。

研究人员在一份综述中对有关该主题的多项研究结果进行了元分析[2]。在 225 项研究中，他们将学生接受自然科学、数学或工程学的讲授式教学的学习效率和主动参与式教学的学习效率进行了对比。通过对这些研究结果进行分析，如图 1-1 所示，主动参与式教学的优势显而易见，挂科率平均降低了 12%。

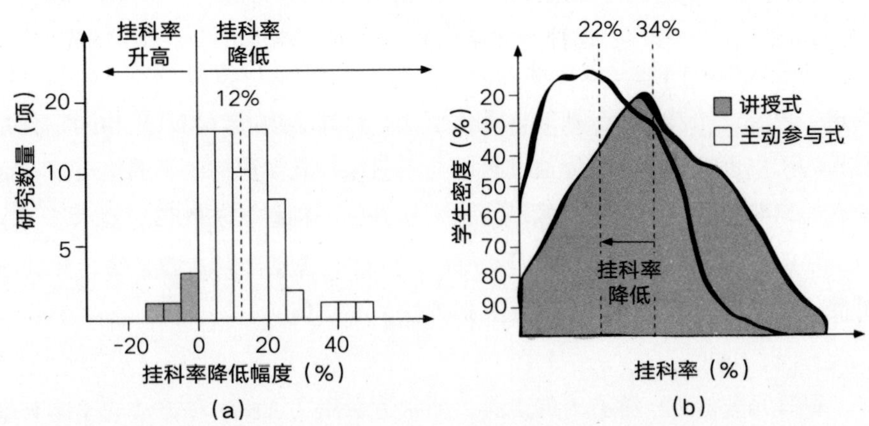

多项研究对比了学生接受讲授式教学与主动参与式教学的学习效率。总的来说，接受主动参与式教学的学生学习效率更高，挂科率更低。a 图显示，采用主动参与式教学后，学生的挂科率随之下降。b 图展示了自然科学、数学和工程学中挂科学生的分布情况。采用讲授式教学的班级，学生的挂科率平均为 34%，而在采用主动参与式教学的班级，学生的挂科率仅为 22%。可以看到，主动参与式教学让学生的挂科率平均降低了 12%[3]。

图 1-1　两种教学方式下学生的学习效率对比

做元分析时，研究人员进行了数学测算，以确定统计效应（也叫作效应值或效应量）。统计效应是一个数值，通过集合多项研究的统计数据，来确定不同方法之间差异的大小。它能够反映出一组研究的整体趋势。确定效应值的大小是很有用的，因为不仅可以通过它判断一种方法是否有效，还能确定其在多大程度上是有效的。事实上，简单地说一种方法是否有效对教育而言并没有多少实际意义，因为大多数的方法都有助于学习。真正的问题是，哪些方法能够更多地帮助到学习者。

在元分析中，主动参与式教学法的效应值为 0.47。从技术上来说，这意味着使用主动参与式教学法可以将学生成绩平均提高 0.47 个标准差。标准差衡量了不同学生所得分数的差异程度。在本项研究中，基于给定样本的标准差，0.47 的效应值相当于学生考试成绩提高 6% 和挂科率降低 12%。

如果学生之间的分数标准差更大，则 0.47 的效应值将对应更高的分数增长。相反，如果学生分数的标准差更小，比如学生的分数几乎相同，分数增长的比例也将更小。效应值衡量的并不是某种教学法的效率的绝对值，而是它的相对有效性。**在教育领域，人们认为当一种教学法的效应值大于 0.4 时，它的效率高于一般方法的平均值**[4]。因此，主动参与式教学法（相比于讲授式教学法）的效应值略高于其他方法的平均值。

尽管元分析是一种有力的工具，非常适合用于了解一种方法的整体有效性，但它也有一个严重的局限性。事实上，元分析是同时对多项研究进行综合分析的一种工具，它并不能确定基于同一种方法的某些特定策略之间的相对有效性。例如，元分析显示，是否给小学生（6 ～ 10 岁）布置家庭作业对他们能否取得好成绩并不会有显著的影响。然而，从青少年时期开始，家庭作业对学生的学业成绩起着决定性的作用[5]。从这些元分析中，人们可以推断出小学阶段的家庭作业是无效的，应该被取消。但是元分析没有对作业类型加以区分，它对研究中使用的所有作业类型的效果取了平均值。然而，正如我们后文将看到的，某些类型的家庭作业相比其他类型的作业效果更好。因此，**问题不在于布置家庭作业与否，而是确定哪种类型的家庭作业最有效。**

元分析方法所特有的这种局限性也存在于针对主动参与式教学法的相关研究中，它概括了一系列可以促进主动学习的策略的整体效果。然而，要更多地了解使学习有效的最佳方式，不仅需要知道干预措施的平均效果，还需要了解研究中使用的不同干预措施的相对有效性。此外，正如我们在本书后面将会看到的，如果我们希望能够将在特定环境中获得的结果进行实际应用并将之有效地运用到另一种环境中，则更应该弄清楚一种方法相比另一种方法更加有效的原因。

针对主动式教学的元分析结果，还需要说明一点，即使讲授式教学总体上不如使用主动式教学的教学效率高，但这并不意味着需要完全摒弃讲授式教学。关键是激活学习者的大脑，即使是讲授式教学，也可以让学生的神经元活跃起来。研究表明，观察别人完成或学习执行一项任务可以激活与被观察者相同的神经元，但与运动相关的神经元除外，因为观察者是静止的[6]。当我们提到镜像神经元时，经常涉及这种激活，观察者和被观察者神经元的激活在很大程度上是相当的。

尽管讲授式教学确实可以帮助学习者激活神经元，但情况并不总是如此，这就是问题所在。相比需要学习者完成一项任务或者需要他们主动参与的教学法，学生在采用讲授式教学的课堂上更容易出现注意力不集中的情况，因为，或由于课程负担过重或由于缺乏必要的背景知识，他们无法听懂教学内容。

建立恰当的神经连接

在赫布模型中，神经元需要同时被激活才能连接在一起。然而，要进行学习，不仅需要激活神经元，更重要的是激活“对的”神经元。因此，神经元激活的核心不仅是激活神经元，还在于激活与学习目标相关的神经元（而不是其他），即激活与需要调动的知识或策略相关的神经元。

有时大脑中的一些神经元虽然被激活了，但学习所需的神经元没有被激活，出现这种情况的原因有多种。其中一个最明显的原因是，我们大脑中想到的不是要学习的内容而是其他东西。一个上课注意力不集中的学生，当他想着今晚要干什么的时候，他的大脑是活跃的，他在想象晚上的聚会，但与学习目标相关的神经元没有被激活。

学生在课堂上浏览社交媒体时也是如此，他激活了大脑，但没有激活与他需要完成的学习相关的神经元。一项研究还表明，在课堂上使用计算机的学生，尤其是上课时用计算机浏览社交媒体的学生（55%），对课程内容的理解比其他学生（66%）要差。如果一个学生挨着一个在课堂上用计算机做其他事情的学生，即使他自己没有使用计算机，他的学习效果也会明显变差（56% 比 73%）[7]。有一个合理的假设可以解释这一情况，即学生在课堂上激活了其他神经元，而没有激活与学习目标相关的神经元。

可能有人认为学生可以一边浏览网页一边听课。研究表明，与人们的一般认识相反，多任务处理（同时执行多项任务）是不可能的[8]。一旦在同一时间兼顾多件事，我们的表现力就会下降，这很可能是在课堂上使用电脑的学生学业表现不佳的原因。

另一个可能分散注意力并影响大脑活动的因素是房间装饰。研究人员研究了教室装饰对幼儿园孩子学习的影响[9]。与没有装饰的班级相比，有装饰的班级墙面上张贴的各类海报会妨碍学习，因为这些班级的孩子花了更多时间在其他事情上，而不是在完成学习任务上（39% 比 28%），他们的学业表现也会差很多（42% 比 55%）。

除了分心之外，还有一个原因可以解释为什么有时候大脑被激活了，却没有激活与学习目标相关的神经元。当我们激活一个错误的想法或者与完成特定学习目标无关的策略相关的神经元时，就会出现这种情况。这种自发产生的想法或策略会激活无用的神经网络，在某些情况下甚至会干扰学习。

此外，为了完成一项任务而自发采用的策略，在短期、中期或长期来看，可能并不是最佳选择。而无效策略的使用会激活与该策略相关的神经网络，进而强化该策略，并阻碍与另一种更有效的策略相关的神经元被激活。

例如，多项研究证明，学会阅读的人在阅读时主要激活大脑的左半球，特别是位于大脑半球后部的枕叶和位于大脑左半球一侧的侧颞叶交界处一个被称为左枕颞叶皮层的区域[10]。在学习阅读的过程中，这个区域会变得越来越活跃[11]，一般来说，它被激活的越多，一个人的阅读能力就越强[12]。因此，学习阅读，需要激活该区域。然而研究表明，左侧枕颞区的激活取决于对单词解码的策略[13]。整体策略（stratégie globale），即识别单词的整体字形而不关注单词的组成部分（字母）的策略，更多地激活右侧枕颞区；而形声策略（stratégie graphophonétique），即同时识别组成一个词的所有字母读音的策略，则是激活左侧枕颞区。因此，为了将神经元激活原则应用于对阅读的学习，在阅读时仅仅激活大脑是不够的，需要通过鼓励学生采用形声解码的策略来激活左枕颞区。此外，大量研究证明，在对阅读的学习中形声策略明显比整体策略更加有效[14]。

根据赫布模型，同时被激活的神经元会连接在一起，这从另一个角度也强调了同步激活神经元以建立连接的重要性。事实上，依照赫布模型，为了建立和加强神经元之间的连接，需要：（1）神经元被激活和（2）神经元同时被激活。当我们提出一个想法或使用一个策略时，是一组通常被称为神经网络的神经元被同时激活，从而加强它们之间的相互联系。然而，学习往往不仅仅是整合一个想法或一个策略，它是在两个或多个元素之间建立联系。

为了促进这些连接的建立，需要同时激活相关的元素。

学习阅读的例子很好地说明了这种情况。学习阅读主要在于学习建立字母（字符）和读音（音素）之间的联系。大脑中负责识别字符的关键区域通常位于左枕颞叶，而与读音处理相关的区域则位于其上方被称为左颞顶皮层的区域。顾名思义，左颞顶皮层位于大脑上部颞叶和顶叶之间的交界区。根据赫布模型，通过同时激活枕颞区和颞顶区，它们可以连接在一起。而且，这两个区域的连接是建立阅读神经网络的关键。学习就是改变大脑连接。由于同时被激活的神经元会连接在一起，要完成学习，我们必须激活与特定学习目标相关的神经元。图 1–2 说明了在学习阅读的过程中激活神经元的原则。灰色区域代表激活区域。在此示例中，不仅神经元被激活（条件 1：神经元被激活），而且是公认的在对阅读的学习中起关键作用的神经元被激活（条件 2：激活与学习目标相关的神经元）。

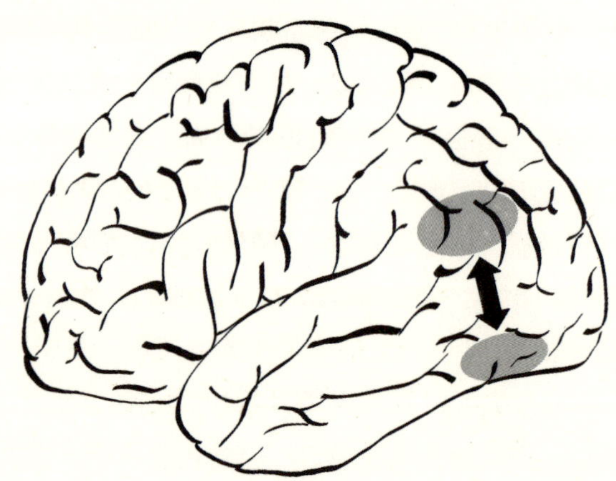

图中下方灰色区域是与字母识别相关的枕颞叶皮层，上方灰色区域是与读音处理相关的左侧颞顶皮层。这两个区域被同时激活不仅会增强每个区域内的神经元之间的连接，还会在区域之间建立起连接（见图中的黑色箭头）。

图 1–2　同时被激活的枕颞区和颞顶区

同时被激活的神经元会连接在一起的事实使得在两个或多个元素之间建立联系成为可能，当然前提是这两个元素同时被激活。例如，在学习新知识的同时激活先前的旧知识，则会在新旧知识之间建立联系，同时，与新旧知识相关的神经网络之间也会建立联系。两个或多个神经网络之间的连接越多，则一个神经网络的激活就越有可能引发另一个神经网络的激活。因此，连接的建立增加了神经元被再次激活的可能性，也让此前所学更容易被记住。

尽管同时被激活的神经元会连接在一起的事实在大多数时候都有利于学习，但有时也会阻碍学习的迁移，从而产生负面的影响。我们学习的时候总是处于特定的环境中。当这个特定的环境激活特定的神经元时，“环境”神经元就会倾向于连接到与学习目标相关的神经元。换句话说，当我们在学校学习分数的加减法时，我们会接受特定类型的问题，保持特定的坐姿，在特定的灯光下，加上某种特定的情绪和思维倾向，所有这些因素都让我们更容易重新激活在同一环境中学习到的知识。相应地，要在不同环境中重新激活学到的知识将变得更加困难。

关于这一点有一项很有说服力的研究[15]。研究人员要求被试分别在水下和陆地两种截然不同的环境中学习单词。结果表明，被试在水下时，更容易记住在水下学习的单词（记住的单词量：11.4 比 8.4），相反，被试在陆地上时则更容易记住在陆地上学习的单词（记住的单词量：13.5 比 8.6）。这些结果证明，当人们处于与学习过程相同的环境中时，更容易再次激活所学的知识。

因此，实现学习成果从一种环境到另一种环境的迁移并不是自然而然、毫不费力的事情。在某种程度上，我们不仅需要时间来学习，还需要时间来完成学习的迁移，摆脱对特定环境的依赖。**一般来说，在刚开始学习时，最好不要过多地改变环境，以确保一定程度的一致性，促进大脑的激活和神经**

连接的建立；但之后，则需要改变环境和练习的类型，以促进学习的迁移，让学习脱离特定的环境，从而减少大脑激活对特定环境的依赖[16]。

在本书中，我们将看到一些符合大脑运行机制和认知功能并有助于所有学习的普适性策略。因篇幅所限，这里将不再对某些针对特定内容的策略加以展开。

如何运用神经元激活原则

由于同时被激活的神经元会连接在一起，因此需要激活与学习目标相关的神经元来促进学习。现在让我们一起来看一下运用这个原则的四种策略，包括两种促进神经元激活的策略，以及两种促进激活与学习目标相关的特定神经元的策略。

避免频繁使用被动的方法

要想学习，你必须积极主动。更准确地说，大脑必须被激活。有一些学习或教学方法会更容易让学生注意力分散、思想开小差或跟不上节奏。所有只是让学生被动听讲而不能建立即时互动的教学法都属于这一类。

在采用讲授式教学法的课堂上，往往由教师或培训师向学习者单向传达信息，与其他更加主动的教学法相比，学习者无法通过提问和即时交流的方式与之进行互动，学习者的大脑被激活的可能性更小。因此，最好避免过于频繁地使用此类方法。

然而，也不能因此完全摒弃讲授式教学法，因为它具有不可否认的优势。事实上，讲授式教学法是在短时间内传递大量信息的最快捷的方法。使用主动参与式教学法往往需要更多的时间，而我们需要在方法的有效性和特定时间内的授课量之间取得一个平衡。此外，讲授式教学法可以让专注的学习者激活最符合学习目标的概念或策略，从而避免激活和强化与错误概念或者与有可能损害甚至阻碍某些学习的无效策略相关的神经网络。

即使在学校和公司培训等正式的学习环境之外，我们也经常经历被动倾听的情形。比如在我们看电视纪录片时，甚至是别人向我们讲述某件事情的时候，我们就处于这样一种情形，而我们大脑中处理相关内容的神经元很有可能并未被激活。当然，我们也可以使用稍后将讨论到的主动倾听策略，但这些策略将要求我们暂停纪录片播放或打断与我们交谈的人。幸运的是，在非正式的学习环境中这通常是可能的，虽然并不总是很有效。事实上，就跟我们没必要完全摒弃讲授式教学一样，有效学习也并不意味着要完全避免被动观看纪录片或听别人讲话。默默地倾听确实有一些好处。不打断别人的讲话可以让我们快速获取更多信息，而且也可以避免讲话人因为思路被打断而变得逻辑不清，甚至完全忘记他们本来想要表达的东西。**所以最好能够在被动倾听和主动倾听之间取得平衡。**

我们在学校和工作中都可以通过观看纪录片或倾听别人讲话来学习，但我们也常常通过阅读来学习。此外，写作也是一种非常强大的学习工具，因为它让我们可以按照自己的节奏和时间来获取各种各样的内容。人们可能会想当然地认为阅读是一种比听别人讲话或看纪录片更主动的学习方法。这在一定程度上是正确的，因为我们激活了与阅读相关的神经元来解码单词并获知它们的含义，但我们也完全有可能在阅读时没有集中注意力或者不能沉浸到阅读的内容中去。

就如有时候我们会因为没有很好地记住或理解某些观点或情节，或者因为心不在焉而不得不回过头来反复阅读某部小说中的一页一样，我们也会被动地读取信息，这显然降低了激活与学习目标相关的神经元的可能性。我们通常应该避免被动阅读，而且，在众多学习和学习策略中，**通过被动阅读和**

重复阅读来获取信息进行学习是效率最低的[17]**。**

多使用主动的方法

听课和阅读不一定总是被动的。无论是在学校的课堂上还是在工作的培训中，当我们必须通过讲授式教学法这类被动方式学习的时候，一些技巧的运用可以让学习变得更加积极有效。最有效的技巧可能是在上课或培训之前就做好充分的准备，以便可以很好地跟上课程的节奏。**提前掌握与课程内容相关的背景知识以及了解每个课堂要点背后的目的，这两个技巧将有助于学习者理解课程内容及其课程安排。**

与学校或职业培训等正式学习环境不同，非正式的学习环境通常允许适当地打断我们的谈话对象或中断我们正在观看的纪录片。在这个停顿的过程中，我们可以复述讲话人刚刚说的内容以确保我们理解到位，还可以要求他们重复、重新解释，或确认某些细节之间的关系等。总之，在非正式的环境中，我们可以变得更加主动，从而更好地去学习。当然，利用这个方法的前提是必须跟一个不介意被打断的人交谈。

阅读文本也是如此，学习者可以中断阅读，用更加主动的方式去阅读并激活大脑神经元。比如，我们可以停下来思考，将我们已有的知识融会贯通，重新阅读一个段落，预测后续的内容，查询某个词的含义，尝试记住刚刚读过的内容，思考作者为什么以这种方式而不是另一种方式来呈现信息，等等。

避开让你分心的干扰源

要运用神经元的激活原则，不仅需要利用一些策略来激活大脑，而且需要确保激活与特定学习目标相关的神经元。事实上，由于同时被激活的神经元会连接在一起，如果激活的不是对的神经网络，那么由此产生的神经连接的变化就不能实现学习目标。虽然会有一些神经网络被激活，并引起大脑神经连接的改变，只是这对实现既定的学习目标毫无用处。换句话说，如果我们激活了错误的神经网络，我们也会学习，但不能学到我们需要学习的东西。因此，我们必须避免那些让人分心的干扰源，以免激活一些与学习目标无关的神经元。

防止分心首先需要避开的就是社交媒体。我们在前文已经看到，在课堂上浏览社交媒体的学生往往学业表现不佳。因此，**如果我们要学习、上课或参加培训，最好不要使用计算机或手机，或至少控制一下浏览社交媒体的频率。**现在有专门的软件可以限制某些网站的使用时长。

当然，社交媒体并不是唯一分散注意力的干扰源。任何联网的设备都是潜在的重要干扰源。除了社交媒体，浏览实时新闻、刷博客、刷视频以及玩电子游戏等也会干扰学习。

一项研究表明，仅仅是在房间里放一部手机，就会显著降低被试集中注意力和使用工作记忆方面的表现[18]（见图 1–3）。即使是放在口袋里，手机仍然会影响被试的表现（分数下降 2.37）。如果放在桌面上，被试的表现更低（分数下降 4.67）。**在所有的学习场景中，无论是在学校上课、阅读还是在职业培训期间，甚至在谈话过程中，都最好将手机放在口袋里，或尽可能地把它放在远处。**

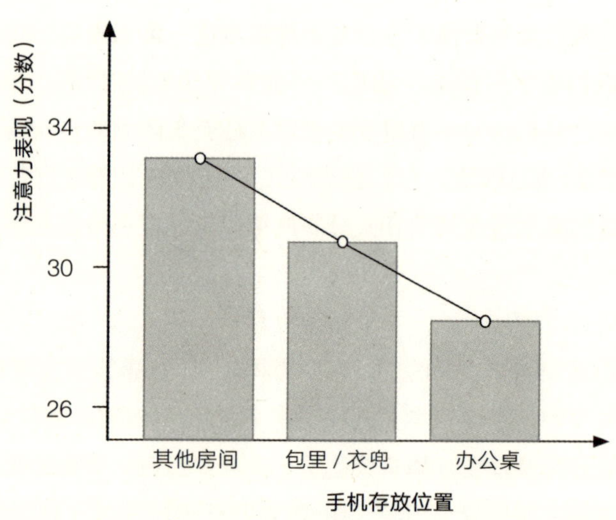

为了激活与学习目标相关的神经元，最好避开让人分心的干扰源。仅仅在办公桌上放一部手机，就会降低被试需要集中注意力和使用工作记忆方面的表现。如果把手机放在包里或衣兜里，被试的表现则会好一点，但效果还是不如把手机放在另一个房间里好[19]。

图 1-3 手机存放位置对被试表现的影响

虽然社交媒体、计算机和手机是可能分散注意力的重要干扰源，但它们也可以是学习资源。它们让我们几乎可以瞬间访问存储量近乎无限的信息库，这当然有助于学习。就像对待任何优缺点兼具的工具一样，我们应该尽可能地将其优点最大化并尽量减少其不良影响。

其次，房间的过度装饰也会让人分心。正如我们前面所讲的，幼儿园的教室张贴过多海报会干扰小朋友们的学习。这种影响对年龄较大的学习者来说可能较小，但我们有充分的理由相信，适度的装饰才是可取的。不过，房间里没有任何装饰反而显得古怪，因此也不可取。**最好使用一些不引人注意的低调装饰。此外，在专门用于学习或培训的房间内，应该避免张贴信息量丰富的海报。**

从更普遍的意义上来说，分心会干扰学习这一事实表明，同时完成两件任务而不打折扣是不可能的。我们不可能在完全专注于阅读的同时又看电视，不可能一边专心听课一边想着手机以及社交媒体上的点点滴滴，不可能一边在厨房跟家人高谈阔论一边高效学习，也无法一边查看短信消息一边以最好的状态在电脑上写作……我们最好避免同时处理多个任务。

一个常见的情形是在工作或学习中听音乐。最近的一项元分析表明，在阅读时听音乐通常会降低对文章的理解深度[20]。研究人员在这里得出的效应值为 -0.19，负号（-）表示音乐带来的影响是负面的，数字 0.19 表示影响的程度（表现降低 0.19 个标准差）。这种情况被认为效应值较小，因为它明显小于 0.40。换句话说，**听音乐通常会在一定程度上降低我们的阅读理解能力**。在同一项研究中，研究人员还研究了嘈杂环境或周围有人说话的影响。他们发现了类似的结果，这两种环境对阅读理解的影响程度分别是 -0.17 和 -0.26。**不过学习时听不容易让人分心的音乐（没有歌词和突然的变化）来掩盖嘈杂的噪音，可能对学习有益，但这仍有待证实。**

避免激活不恰当的策略或想法

如果由于分心而不能专注于执行任务，学习就会受到影响。但是，如果注意力集中在任务上，而激活的神经元与完成该任务无关或对完成该任务不起作用，学习也会受到影响。比如，当我们在学习过程中激活了错误或不恰当的想法或概念，就会出现这种情况。在大多数领域，我们都有一些自发的想法，甚至在学习之前就已经存在，而这些想法可能是错误的或者与我们想要掌握的知识大相径庭。例如，人们往往认为重的物体总是下落得更快，而如果忽略空气阻力不计，重的物体与轻的物体下落的加速度是相同的。再比如，人们总是认为夏天比冬天热是因为夏天太阳距离地球更近，但这种解释在科学上也是错误的。在学习的过程中，我们的脑海中会浮现出许多毫无根据的想法或概念。如果我们为了理解或解释某种现象而自发地形成了一些毫无根据的想法或直觉，那么与这些不恰当的想法相关的神经元就会被激活和强化。**激活这些没有根据的概念或想法不但不能帮助我们学习，还会干扰学习，因为它会进一步强化脑中的这些错误概念或想法（详见第 6 章）。**

还有一种情况，如果我们在完成学习任务时采用了从短期、中期或长期来看无效的策略，大脑也会被激活，但激活的不是对学习有用的神经元。我们在前面已经看到了与阅读策略相关的典型例子，形声策略激活了学习阅读的关键神经元，而整体策略则激活了其他神经元。在多数情况下我们有很多策略可供使用。虽然大多数情况下使用这一种或那一种都是有效的，但有时候某个特定的策略会显示出其特有的优势。这时候，就需要通过激活正确的策略来强化它。

要知道哪些策略是最优策略并不容易，因为需要根据特定的任务或领域而定（例如，学习阅读）。针对每个学习领域（阅读、数学、科学等）所需的特定策略问题都可以单独写一本书来讨论。因此，除了运用本书中阐述的原则外，我们还需要参考特定学习领域的研究成果。

Activer ses neurones

知识点巩固

这里要记住的第一个原则是激活与学习目标相关的神经元。这意味着激活是改变神经连接所必需的。另外，主动的学习方法通常比被动的学习方法更有效。最后，激活与特定学习目标相关的神经元，而不是其他神经元，以确保神经连接朝着积极的方向改变，从而提高知识或技能。

为了运用这一原则，这里提出了 4 种策略。为了促进神经元的激活，应避免频繁地使用被动的方法（策略 1），多采用主动的方法（策略 2）。还要确保激活的神经元是有助于特定学习目标的神经元。因此，应当避开让你分心的干扰源，比如社交媒体、电子设备、过度装饰或嘈杂的环境以及多任务处理等（策略 3）。最后，避免激活不恰当的想法、概念或策略，以保证任务的执行（策略 4）。

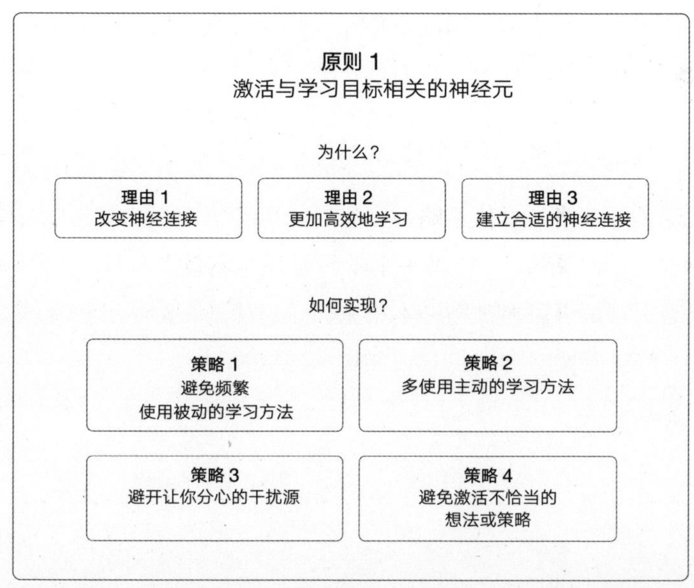

我们需要激活与目标学习相关的神经元，以改变神经连接，使其更有效率，从而更好地促进学习。为了实现这一点，最好避免频繁使用被动的学习方法，而要更多地使用主动的学习方法。还要避开让我们分心的干扰源，同时避免激活不恰当的想法或策略。

Activer ses neurones

第 2 章

反复激活神经元

大脑为什么越用越聪明

学习需要激活与学习目标相关的神经元。然而，在大多数情况下，一次性的激活不足以在大脑中引起重大而持久的变化。激活大脑是学习的一个必要条件，但这还不够。我们接下来将探讨为什么**不仅需要激活与学习目标相关的神经元，还需要多次激活它们**。然后，我们将讨论具体运用这种反复激活神经元原则的一些策略。

为什么我们要反复地激活神经元

至少有 3 个理由能够说明反复激活与学习目标相关的神经元的重要性：（1）反复激活神经元会加强神经连接；（2）它能减少前额叶皮层的活动（有助于避免大脑超负荷运转）；（3）它还能巩固学习并减少遗忘。

加强神经连接

根据赫布模型，同时被激活的神经元会连接在一起。该模型进一步指出："当神经元 A 的轴突足够接近以至于可以激发神经元 B，且神经元 A 反复而持续地参与神经元 B 的激活时，这两个神经元或者其中一个神经元就会产生某种生长或代谢变化，从而使神经元 A 激活神经元 B 的效率增加[1]。”换句话说，要想学习，即改变神经连接，相关的神经元（1）彼此必须足够接近，（2）同时被激活且（3）反复被同时激活。

在探讨接下来的内容之前，必须要说明并非所有类型的学习都符合赫布模型。某些学习，特别是涉及重大情绪投入的学习可以不需要反复激活，例如当一个事件让我们的生命处于危险之中时。然而，大部分的学习，包括阅读、写作、算术、程序的应用以及弹钢琴等，都需要训练和某种形式的反复激活。

自 1949 年赫布模型提出以来，神经元的反复激活在建立和加强神经连接方面的重要性已得到了实验的证实，并开创了关于大脑可塑性机制的独立研究领域。如今，通过反复同时激活神经元来加强神经连接，被称作长时程增强机制（Long-term potentiation，LTP），而神经连接的减弱则被称为长时程抑制机制（Long-term depression，LTD）。

1973 年的一项实验是关于这方面研究最著名的实验之一[2]。研究人员使用电极反复同时刺激兔子大脑中一个叫作海马区域的神经元。他们观察到，经过 3 秒到 15 秒的刺激后，效果可以分别延续 30 分钟到 10 个小时不等。换句话说，一起被激活的神经元更容易，也更有可能再次被同时激活。如此就产生了一个不断强化的循环，神经元越是被同时激活，它们之间的连接强度和效率就越高，它们就越有可能再次被同时激活并进一步强化彼此之间的连接。同时还存在一个逆向的循环，如果神经元不被同时激活，它们之间的连接就不会得到强化，在之后就更不可能再次被同时激活。

从某个角度来说，大脑就好像一片森林，学习者在森林中行走[3]（见图 2-1）。这片森林的植被非常茂盛，因此一开始的行动很困难。为了顺利前行，学习者除了要用脚蹚平草丛、踩倒灌木，还必须踢开或绕开挡路的树枝。学习者一次次地从这里走过，从而形成了一条越来越平坦的小径。很快，这条小径就变成了从一个地点到另一个地点的最佳路径。

学习就相当于在大脑中开辟路径。这些路径（神经网络）的开辟就像森林小径的形成：通过多次走相同的路径（通过多次激活与学习过程相关的神经元），小径慢慢地就形成了。走得越频繁，这些路径就变得越宽广，从而可以更快、更容易地从一个地点到达另一个地点。

图 2-1　森林小径

当大脑中的神经元被同时激活时，它们之间的连接就会得到加强，从而形成神经网络。这些网络类似于森林中的小径，它们是逐渐形成的（前提是它们被反复使用），并且可以让执行任务变得越来越容易。

比如，在学习阅读时，我们特别需要学习建立字母和读音之间的对应关系。一开始建立这些联系需要花费大量的注意力和时间。慢慢地，随着与特定任务相关的神经网络被反复激活，这些网络之间的连接得到加强，任务也因此变得越来越容易。这种神经兴奋性的增长和自动强化的过程在执行复杂任务时尤为重要。

从另一个角度来看，大脑对于学习者也像一片森林。如果学习者不再沿着创建的路径行走，草、灌木和树就会慢慢地重新占据它们原来的位置。久而久之小径将变得不可辨认，从一个地点到另一个地点的路径也将再次变得困难。同样地，如果我们停止激活由学习建立起来的神经网络，神经连接的强度就会降低。神经元越发不能自动地被同时激活，神经网络将逐渐弱化、消失。当神经连接减弱和消失后，我们就会遗忘。

遗忘对大脑运行非常重要。在学习之前，大脑中已经存在神经连接。所以学习不是简单地增加新的神经连接，而是改变已有的神经连接。因此，在学习前后产生的神经连接之间存在一种竞争关系。为了协调这种竞争，大脑用了一个简单但非常有效的原则，**保留并强化用过的，弱化和遗忘不用的，这就是前面说到的“用进废退”。**

将大脑比作森林还可以让我们更好地理解为什么某些错误难以纠正。当学习者看到一条大路似乎可以到达预期目的地时，他会倾向于走这条路，而不是穿过林木丛生的荒山野岭，因为大路走起来更容易也更快。但是，有时候这条大路无法通向学习者的目的地，我们必须离开它，披荆斩棘地开辟一条野路出来。穿行几次之后，这条野路变得越来越好走，但最开始那条通往错误目的地的大路仍然在那里并且充满诱惑，让人忍不住靠近。与此类似，某些自发启动的反应和策略，虽然对完成任务并没有作用，但可能难以改变。在这种情况下，我们不仅需要学习和建立新的连接，还需要对已有的连接进行管理，消除那些无益于完成任务的连接。

由于同时被激活的神经元会连接在一起，与学习相关的神经元可能与完成任务的环境神经元相关联。因此，在不同于学习时的环境中完成特定任务会变得更加困难。又因为反复被同时激活的神经元之间会逐渐建立起连接，所以学习与特定环境之间的联系也可以被加强或削弱。如果总是在相同的环境中学习，这个环境与学习目标之间的联系就可能会加强，反之亦然（详见第 1 章）。

学习还有一个非常有趣的方面，也说明了反复激活神经元的重要性，那就是学习是一个持续的过程，而不是简单的二元对立。通常，当一个人能够完成预期的任务，比如回答问题、解决问题等，我们就认为他已经学会了，反之，则还没有学会。但在神经元层面，情况则更为复杂。

如果我们将学习定义为对神经连接的改变，那么就有可能在学习已经发生，即我们的神经连接已经产生改变的情况下，学习者仍然无法完成既定的任务。同时，在已经能够完成任务的基础上，学习者仍然可以继续学习。在学习刚开始的时候，神经元被激活并开始缓慢地加强彼此之间的连接。但由于连接还不够牢固，所以还无法完成预期任务，但这并不意味着大脑中没有发生任何变化。大脑的变化可能还不足以让我们观察到表现的提升，但这并不意味着这些变化不存在。这一点对学习者在学习后没能获得明显提高的情况下继续保持动力尤为重要，一个人在进行训练后却无法完成某项任务，并不是说训练没有起到任何作用，它可能已经加强了大脑连接，只是还不足以让人观察到成效而已。

同样，成功完成一项任务也不能就此宣告学习的结束。即便一个人能够回答出问题或解决一个与预期学习目标相关的难题，神经连接已经足够强大，学习仍没有结束，必须通过继续训练，进一步加强神经网络。神经元之间的连接越紧密，我们就越能够有效而轻松地完成任务。这就是强化学习的好处，换句话说，**即便你已经能够完成类似的练习，也要继续训练，这样一来，不但训练会变得越来越容易，而且会让大脑建立的神经连接更加牢固，不那么容易消退，遗忘也会变慢**（详见第 5 章）。

减少前额叶皮层的活动

反复激活与学习相关的神经元的第二个理由是：减少前额叶皮层的活动，从而减轻大脑负荷。在学习的早期，用于特定学习的神经网络尚未建立并得到强化，大脑会激活前额叶皮层区域来处理新信息。这些区域位于大脑前部（见图 2–2），负责工作记忆管理等高级认知功能。一般来说，任务越困难，越需要我们集中注意力，前额叶皮层就越活跃。

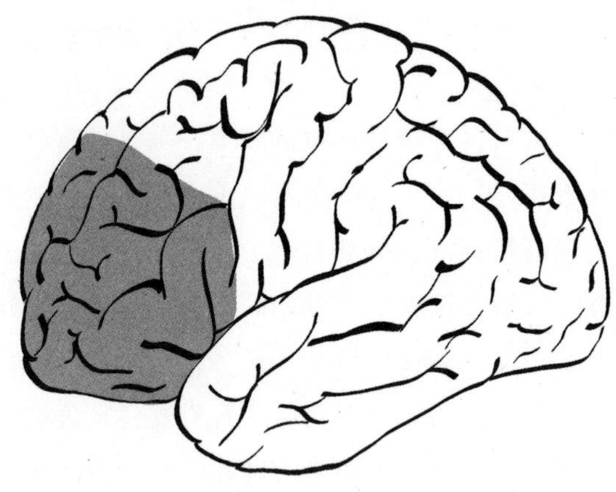

前额叶皮层（灰色区域）与高级认知功能相关，如工作记忆的管理。它通常在学习初期非常活跃，随着与特定学习相关的神经网络的发展，前额叶皮层的活动将逐渐减少。

图 2–2 前额叶皮层在大脑中的位置

前额叶皮层的激活本身并不涉及好与不好的情况。然而，一般来说，前额叶皮层被激活则表明任务并不容易，需要持续集中注意力和保持控制。任务越困难，越需要集中注意力，前额叶皮层就越活跃，大脑承受的负荷就越重。**由于大脑可以处理的负荷是有限的，当大脑进入超负荷状态时，将无法有效地处理信息。**因此，在进行一项新的学习的过程中，前额叶皮层活动的减少是一个积极的信号，表明完成任务所需的大脑负荷减轻了。

在这方面，有研究者对 8 ～ 19 岁与加减法学习相关的大脑活动的演变进行了观察，这一时期正是学习算术的阶段[4]。图 2-3a 中的结果表明，8 ～ 19 岁的人在处理计算任务时，前额叶皮层的几个区域的激活程度越来越低（左侧图），相反，大脑后部的某些区域在同一时期变得越来越活跃（右侧图）。这些结果与之前的设想是一致的，即在学习算术的过程中，相关的神经网络在大脑后部形成并得到强化，这使得大脑能够更有效地处理算术信息，继而反过来减轻前额叶皮层的活动以及算术所需的大脑负荷。

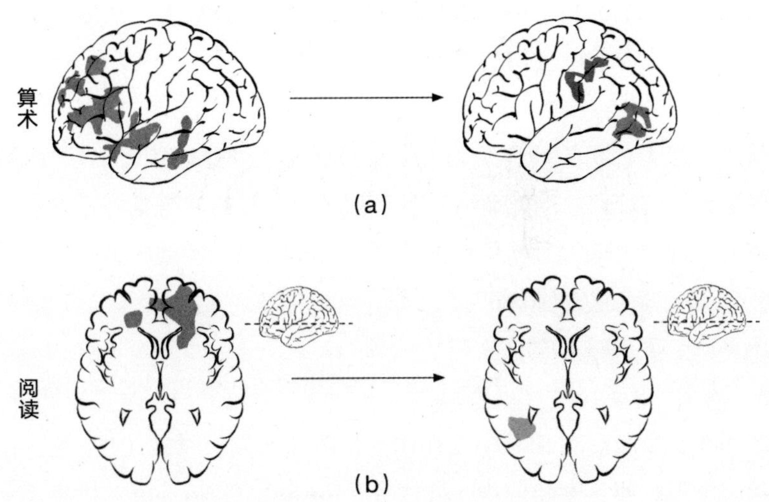

一般而言，在学习和神经元被反复激活的过程中，前额叶皮层的活动减少，而更后方区域的活动增加。a 图显示了与学习算术相关的大脑活动变化[5]，b 图显示了与学习阅读相关的大脑活动变化[6]。a 图和 b 图左侧的图像中，用灰色标注在学习过程中活动减少的区域，相反，右侧的图像则显示了活动增加的区域。b 图显示了从上方看到的大脑切面，左侧图代表左半球，右侧图代表右半球，上方代表大脑的前部，下方代表大脑的后部。虚线表示切面的高度。

图 2-3　学习算术和阅读时大脑活动的演变

在学习阅读时，也出现了类似的情况[7]：7 ～ 18 岁的学习者阅读时前额叶皮层的活动会减少，而大脑较后方的某些区域的活动会增加，尤其是左侧枕颞皮层。图 2-3b 展示了这些结果。图像显示了从上方看到的大脑切面，左侧大脑中灰色区域活动减少，而右侧大脑中灰色区域显示了枕颞皮层在 7 ～ 18 岁时活动的增加。

研究人员就 29 项针对不同学习中训练对大脑活动的影响的研究进行了元分析，结果表明，在进行学习和反复激活神经元的过程中，前额叶皮层活动减少的情况在很多学习中都存在[8]。尽管每种学习都会引起特定的大脑活动变化，但某些类型的学习（语言的、非语言的和视觉—运动的）会激发共同的变化。事实上，与学习算术和阅读一样，训练期间多个大脑区域的活动都减少了，包括前额叶皮层的几个区域。

因此，与学习相关的神经元被反复激活能使神经连接得以建立并强化，从而提高大脑处理信息的效率。这种连接效率的提高使得学习任务的完成越来越容易，进而表现为大脑负荷的减轻和前额叶皮层活动的减少。

巩固学习，减少遗忘

训练和反复激活在学习中的作用早已为人所知。早在 1911 年，经过多次实验，美国心理学家爱德华·桑代克（Edward Thorndike）提出了练习律（Low of exercice）:“**在其他条件相同的情况下，对某种情境的任何反应，都将随着该反应与情境联结次数的增多，以及联结强度的增大和平均延续时间的增加而加强。**[9]”

换句话说，越是坚持以某种方式来完成一项任务，后续就越可能采用同样的方式来完成这项任务。根据练习律，重复的次数以及反应和情境之间联结的强度和持续时间都很重要。因此，根据练习律，影响反应与情境之间建立联系的三个因素是：重复的次数、反应与情境之间联结的强度以及联结的持续时间。

在教育和其他领域，训练和重复往往不被人看好。英语俗语 drill and kill，翻译过来就是“死读书，读到死”，简单直白地表明了重复训练，即那些反反复复的练习，不但会妨碍学习者对学习内容的真正理解，还可能会扼杀他们的积极性。然而，也不应该就此忽视训练和重复对学习的作用。反复激活能够巩固学习并将学习过程自动化，这对培养执行复杂任务的能力至关重要。虽然重复通常不足以实现对复杂任务的学习，但它往往是必要的。

需要注意的是，不能将重复和反复激活神经元混淆在一起。多次反复激活与学习相关的神经元并不意味着重复。反复激活神经元的关键不在于重复，而在于激活和再次激活与学习目标相关的神经元。这两者之间有本质的差异，因为重复可能会干扰神经元的激活，这种现象被称为重复抑制（repetition suppression）。

重复会引起大脑活动抑制是一个众所周知的现象，并且经常被研究人员用作研究工具。例如，在一项需要识别对集合中元素数量作出反应的大脑区域的研究中，被试被要求观察屏幕上出现的圆点[10]。16 个小点会重复多次地出现在屏幕上的不同位置。尽管圆点的位置每次都不同，但数量是恒定的（16 个）。虽然某些神经元总是在呈现特定数量（此处为 16 个）的元素时被激活，但我们看到，在重复呈现 16 个元素之后，这些神经元的大脑活动逐渐减少，因为惯性导致了活动抑制。在这项研究中，研究人员确实注意到位于大脑上部顶叶的顶内沟的活动受到了重复的影响。随着 16 个点的重复出现，与数字 16 相关的神经元活跃度越来越低。

当屏幕上出现的点数发生变化时，如变成 8 个点，顶内沟会再次变得活跃，因为之前与数字 8 相关的神经元没有被数字 16 激活。这些结果表明，顶内沟中有部分神经元更多地对 16 个元素有反应，另一些神经元则更多地对 8 个元素有反应。这就是为什么要求一个小孩重复背诵 4 × 8=32 并不会让与这个数学算式相关的神经元被多次激活，因为这种时间上过于接近且毫不费力的重复不会有效果，它会导致大脑活动的抑制（详见第 3 ～ 5 章）。

通过反复激活与学习相关的神经元，我们不仅可以巩固学习、实现自发学习从而减少大脑负荷，而且能够减少遗忘的发生。遗忘是大脑运行所必需的一种天然的基本机制。可以说，我们所学的一切都可能被遗忘。那么如何避免或减少这种遗忘，最好的策略就是加强神经连接。通过反复激活神经元，强化我们在大脑森林中开辟的路径：我们越是反复激活与学习相关的神经元，神经连接越牢固，这些连接减弱所需要的时间就越久。

遗忘显然是一种众所周知的现象。遗忘规律早在 1897 年就已经被提出，根据这一规律，学到的东西通常会被人逐渐遗忘[11]。也有人提出了如图 2-4 所示的遗忘曲线[12]。当我们完成某项学习后，如果不重新激活，就会开始遗忘。在停止激活后，表现水平在短时间内迅速下降，这就解释了为什么在不经巩固的情况下很难保持一个非常高的学习表现。随后，表现水平持续下降，但速度变慢。这表明，尽管表现水平迅速下降，但所学知识的痕迹仍然会存在很长一段时间。也许这就是为什么当我们重新开始训练时，遗忘的东西往往会很快“找回”。在任何情况下，越是巩固学习，也就是说，由于反复激活神经元，神经连接越强，遗忘的速度就越慢。

关于训练和重复的作用，最后还有一点值得强调，仅仅是反复激活大脑是不够的。正如我们前面说过的神经元激活原则，我们需要激活“对的”神经元，即激活那些能够建立有效神经连接的神经元。如果我们在训练时犯了错，并一遍又一遍地重复犯过的错误，并不会促进学习。相反，它会强化错误并极大地阻碍表现的提高。同样地，使用错误的技巧、无效或者效果不佳的策略进行数小时的训练，最后可能毫无意义。

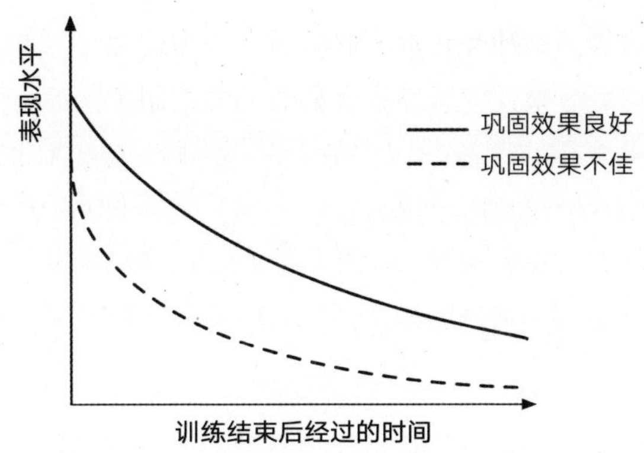

当我们停止激活与学习相关的神经元时，神经连接减弱，我们就会遗忘。如果对学习的巩固效果不佳（虚线），表现水平通常较低，训练结束后遗忘的速度很快。相反，如果对学习的巩固效果良好（实线），表现水平则会更高，遗忘速度也会变慢。

图 2-4　遗忘曲线

人们常说，要成为某个领域的专家，需要一万小时的训练。但仅靠训练是不够的。事实上，一项研究表明，训练时间这一因素只能用来解释约 26% 的个体表现差异 [13]。这并不是说训练对于掌握技能不重要，而是还有其他因素也在起作用，包括个人在训练前的初始能力和技能水平以及训练方法等。比如弹吉他，如果不能利用有效的策略来提高训练效果，改进练习对大脑的影响，而是在一万个小时的练习中不断重复错误的技巧，那么一万小时的训练并不一定能培养出一位出色的吉他手。

如何运用反复激活神经元原则

有很多策略可以用于反复激活与学习相关的神经元。这里探讨 4 种特别有效的策略：（1）规划时间，多次激活；（2）避免针对同一主题进行过长时间的训练；（3）达到既定目标后继续进行强化训练；（4）避免重复激活错误。

规划时间，多次激活

运用反复激活神经元原则的一个最重要的策略，就是提前规划好时间，多次激活与学习相关的神经元。事实上，无论是学校老师、企业培训师，还是家长，要想帮助学习者完成课业，都需要为他们规划大量的活动，适时激活与学习相关的神经元，加强神经连接，减少前额叶皮层的活动，从而巩固学习并减少遗忘。

当然，最好是安排一些涉及主动方法的学习活动，让学习者必须激活神经元以“产出”某些东西，而不是只需要阅读或聆听的被动方法，这里所说的“产出”是广义上的，并不限于制作一件实实在在的物品，而是更普遍意义上的任何形式的响应，如回答问题、解释流程或现象、制作图表、解决难题以及背诵某个定义等。

我们需要知道，**要促进学习和神经网络的发展，最重要的不是学习活动的持续时间，而是活动期间神经元被激活的次数。**如果在一项持续好几分钟的活动中，与学习目标相关的神经元只被激活了一次，那么它就不是一个可以促进有效学习的方法。例如，设定的学习目标为学习乘法表（比如学习 7×8=56），那么花很多时间来练习对一个复杂的数学问题进行求解，可能就不是一个学习 7×8=56 的有效方法，因为整个求解过程中神经元可能只被激活了一次。

如何确保学习者可以在此类活动中多次激活与学习相关的神经元呢？这也是涉及复杂问题或复杂情境的学习活动所面临的挑战之一。通常，在一个复杂问题或复杂情境中，学习者首先必须理解所讨论的问题或情境，然后找到方法，利用他们的知识或技能来解决问题。如果需要消耗大量的时间和精力来理解情境，分配给直接激活学习目标的时间和精力就会减少，那么这种方法可能就不是很有效。

尽管在学习初期和学习巩固阶段应该避免涉及复杂的情境，但这种方法确实有一些优点。事实上，让学习者置身于复杂的情境中可以验证他是否能学以致用，并将其所学迁移到需要理解和考虑更多因素的情境，也就是涉及高级认知的情境中。只是这可能并不是促进学习和建立相关神经网络的最佳方式。因此，最好不要在学习的早期过多地使用复杂情境，在学习需要开发新技能的复杂任务时也是如此。

除了需要避免过多使用复杂情境之外，对探索型学习方法的使用也应该有所节制，比如让学习者自己去找出定义、发现规则或制定流程。探索型教学法会引导学生花更多的时间去探索和研究，而不是激活与学习目标相关的神经元。这个限制使用探索型教学法的论断似乎与人们的直觉相违背，尤其是对教师而言，因为在教育领域中流行的说法是，学习者自己探索发现的知识或策略能更好地被他们吸收、理解和记忆。然而事实上，**更直接或更明确的学习方法往往比不那么直接的探索型方法更有效**[14]。

避免时间过长的训练

反复激活与学习相关的神经元确实非常重要，以至于会造成一种假象，让人以为最好让学习者进行长时间、重复性的学习活动。然而，情况并非如此，我们其实应该避免进行时间过长且重复性的活动。**反复激活神经元并不意味着反复进行重复性的学习活动，因为在长时间内进行高密度地重复激活，往往会造成大脑活跃度降低**，也就是我们所说的重复抑制，即任务所涉及的一组神经元由于总是被重复激活而逐渐减少活动。我们必须考虑到这种类似于脱敏的激活减弱现象，避免把时间花在低效的学习活动上，因为这不利于创建和巩固与学习相关的神经网络。

所以，重点并不是以重复的方式进行长时间的训练。如果长时间进行一种类型的训练或活动，即便我们不断练习，大脑的活跃度也会逐渐降低，不能进行有效的学习或者让学习效率变低。

首先我们无法准确界定在多长时间内或重复激活多少次后大脑活跃度降低，因为这个过程是逐渐发生的，其次它还取决于对学习目标的巩固程度。一般来说，当进行中的训练项目变得容易时就最好停下来。然后将剩下的练习延后或者改变训练的类型，改变问题的类型或提问的环境，目的就是让它做起来不那么容易。因为练习需要保持一定难度才能显现出它对大脑的影响。既然不能进行时间过长的训练，那么接下来就是学习时间间隔的问题，稍后我们会讨论到（详见第 5 章）。

因此，避免长时间训练是因为要避免惯性效应引起大脑活动抑制，而不是因为疲劳。虽然疲劳会降低认知能力的看法听上去很有道理（睡眠对认知和学习的影响可以说是这一观点最为人所熟知的表现之一），但与人们的普遍认知不同，事实上，大脑并不会在一个明确的时间段之后，就无法再学习和集中注意力了。对相关科学文献的研究表明，学生在大学课堂中保持注意力的极限值不是固定的，而是取决于教师及其让学生保持兴趣的方式[15]。因此，注意力的持续时间并不受限于大脑系统的某个 10 分钟或 15 分钟的固定机制。

进行强化学习

诚然，为了避免惯性效应和大脑活动的减少，学习者最好避免进行时间过长的训练，但这并不意味着一旦掌握了一个概念之后就应该停止所有训练。就像前面讲到的，学习不是二分法。从零基础到完全掌握是一个连续的过程。成功完成一项任务并不意味着学习就已经完成。即便大脑已经建立起足够的神经连接可以成功完成相关任务，与该任务相关的神经元仍然可以继续被加强，也就是强化学习。

在达到预期目标后继续进行强化学习的好处是显而易见的。以学习杂耍为例，刚开始训练时学习者根本不能正确完成动作，随着神经网络逐渐建立起来，学习者逐渐可以进行表演了。但即便学习者已经能够表演杂耍，继续训练也不是毫无意义的，因为它会进一步强化与这种学习相关的神经网络。

因此，强化学习至少有两大好处。第一个好处是减少执行任务所需的大脑负荷，从而降低大脑超负荷运转的概率，毕竟大脑超负荷的状态对学习是非常不利的。第二个好处是减少遗忘并提高记忆力[16]，由于神经连接更加稳定，就不会因为新的学习和新的连接的建立而轻易减弱[17]。基于以上这些原因，即便在达到既定的学习目标之后，也需要规划时间，进一步地激活神经元。

避免重复错误

由于同时激活的神经元会连接在一起，因此需要特别留意，避免重复相同的错误，因为与该错误相关的神经连接会被强化，增加再次犯错的可能性。**如果一个错误重复出现，那么纠正它就会变得更加困难。**

学习钢琴的人都知道，重复出现的错误总是会自动再现，特别难以纠正。因此，第一次在钢琴上练习一段旋律时，最好慢慢地弹奏，以免在不知不觉中犯错。除了在学习初期放慢速度之外，还要尽可能地及时复盘，以便在出现错误时能够尽快警惕起来（详见第 6 章）。不过，尽管需要避免错误，但也不能就此认为错误是完全负面的（详见第 7 章）。

最后应该指出的是，在某些情况下，错误几乎是不可避免的，因为它们来自某些神经网络的自发机制，这些神经网络甚至在开始学习之前就已经得到了很好的巩固。对于这种类型的学习，我们不仅要学习新事物，还要学习遗忘或者学会控制这些自发机制。

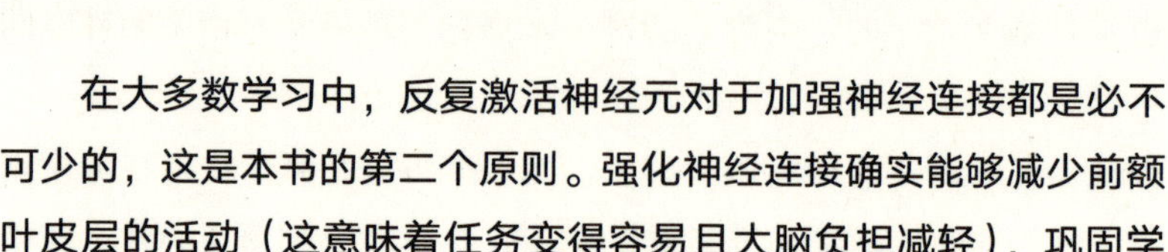

在大多数学习中，反复激活神经元对于加强神经连接都是必不可少的，这是本书的第二个原则。强化神经连接确实能够减少前额叶皮层的活动（这意味着任务变得容易且大脑负担减轻），巩固学习并减少遗忘。

策略 1，规划时间多次激活，即规划一些让你必须“产出”某个东西（一个答案、一个图表等）的活动。然而，应该避免规划那些需要倾注大量时间但这段时间并不会激活与学习目标相关的神经网络的活动，比如那些需要分析复杂情境的活动或者探索型学习法。

策略 2，在规划学习活动时，还需要避免进行过于冗长、重复且简单的训练，这会降低大脑的活跃度，不利于加强大脑连接。

策略 3，必须规划足够多的时间多次激活，进行强化学习。

策略 4，尽可能地避免在学习活动中一再犯重复的错误。

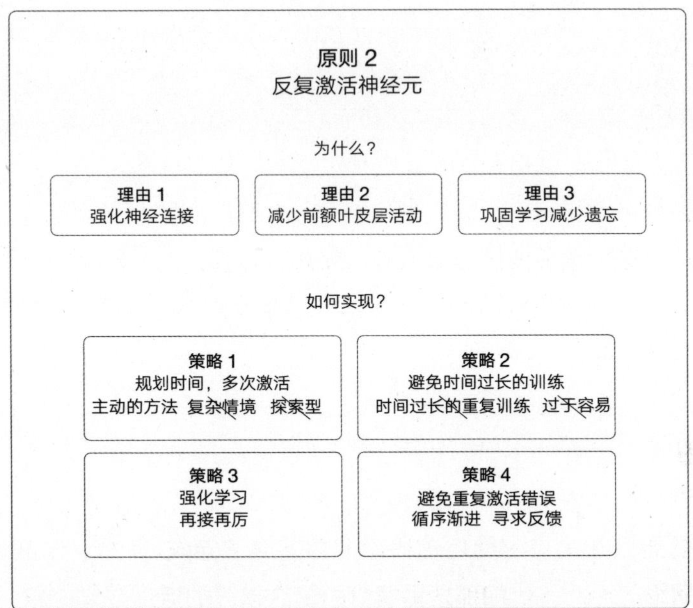

需要反复激活与目标学习相关的神经元，以强化神经连接，减少前额叶皮层活动和大脑负荷，并巩固学习、减少遗忘。为此，需要规划时间多次激活，进行强化学习，同时避免过长时间训练和一再重复相同的错误。

Activer ses neurones

第 3 章

提取练习

回忆与忘记，让你的知识大厦更稳固

提取练习（retrieval practice）是促进学习最有效的方式之一。认知心理学领域已经就此研究多年，其有效性背后的大脑机制也逐渐为人所知。提取练习究竟是什么？学习时，大脑的神经连接会发生变化，从认知层面上看，其实就是长期记忆会发生变化。**长期记忆的内容并不是一直呈现在脑海中的，我们需要从记忆中提取信息，才能使其进入意识层面并为我们所用。**例如，要计算圆的面积，则需要在记忆中提取关于其面积等于常数（π）乘以半径的平方的知识。这个知识只有在被重新激活时才会出现在脑海中，因此必须先提取它。提取练习就是要努力地一遍遍回忆某个知识点。

为什么需要进行提取练习

至少有3个理由能够说明提取练习的必要性:（1）这种练习能够非常有效地运用神经元激活原则和反复激活神经元原则;（2）它能更好地激活与信息保存水平相关的特定脑区;（3）它能够显著提高学习效果。

运用激活和反复激活的原则

首先，记忆提取练习是运用前述两个原则的非常有效的工具。它能够切实激活与学习目标相关的神经元（详见第 1 章），因为提取记忆就是重新激活与学习相关的神经元。此外，与聆听或阅读等被动方法不同，记忆提取需要学习者激活他们的神经元。

提取练习也是促进神经元反复激活的特别有效的工具（详见第 2 章）。每次记忆提取实际上都是一次对神经元的重新激活。在进行提取练习时，每提取一个知识，神经元都会被激活。因此，我们提取的信息越多，神经元被反复激活的次数就越多，神经连接就越牢固。

当然，跟所有重复性的神经元激活训练一样，我们需要避免时间过长和过度重复的练习，因为这会导致惯性效应，抑制神经元的活动。尽管如此，提取练习仍然是一个非常好的促进神经元反复激活的方法。

在学习中激活关键脑区

除了反复激活与学习相关的神经元、促进神经网络的建立和强化外，提取练习还有一些具体的好处。

例如，一项研究表明，相比于阅读和重读学习材料，提取练习能够更多地激活大脑腹外侧前额叶皮层和海马[1]（见图 3–1）。相反，学习则会更多地激活楔前叶以及其他一些“默认模式”下的大脑区域。通常，这些默认模式区域会在我们没有特定任务要执行、思维飘忽不定的时候处于激活状态。

大脑默认模式下最大限度地激活显然不能保证学习的效率。相反，这表明了某种被动或分心的状态，无论如何都不太可能对学习产生积极的效果。

但是，腹外侧前额叶皮层和海马被激活则是非常有用的。事实上，已经有研究表明，这两个区域被激活得越多，大脑对信息的保存水平就越高[2]。换句话说，在处理学习信息时，这两个脑区被激活得越多，学习者就越能在之后回忆起这些信息。

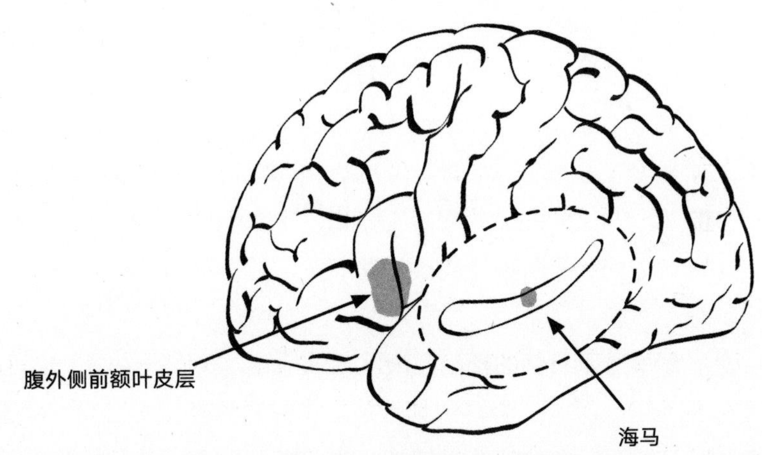

提取练习比学习更多地激活了腹外侧前额叶皮层和海马这两个脑区。我们知道，两个区域都在信息的有效编码中发挥重要作用。图中虚线区域表示海马不在大脑表面，而是在内部（位于大脑中心和表面的中间）[3]。

图 3-1　腹外侧前额叶皮层和海马在大脑中的位置

显著提高学习效果

大量高水平的研究都证明了提取练习的有效性[4]，这使得提取练习原则成为获得最多研究支持的原则之一。

图 3-2 展示了提取练习的一些积极效果[5]。图 3-2a 显示了回忆知识点的正确率随测试次数变化的情况。每次测试都是一次提取练习，提取练习的次数越多，记住的知识点数量也越多。从图 3-2a 中还可以看出，开始的时

候记忆重现率相对稳定提高（每个提取练习期后提高约 15%），然后，随着记忆重现率达到 100%，练习周期之间的增益逐渐减少。

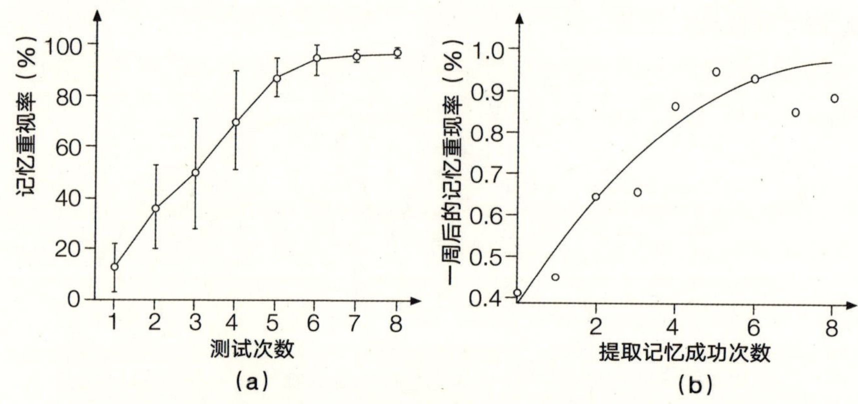

记忆提取的次数与成功率和大脑的信息保存水平有关。a 图显示记忆重现率随着测试或提取练习周期的数量而变化；b 图则显示一周后记忆重现的概率随着成功提取记忆的次数增加而增加[6]。

图 3-2 记忆提取练习的积极效果

图 3-2a 呈现的另一个趋势也值得强调，那就是个体之间的差距会随着训练次数的增加而减小。事实上，在图中的每个点上的竖线顶端和底部之间的长度表示了个体与个体之间记忆重现率的差异。竖线越长，个体之间的记忆重现率差异越大。一般来说，竖线的长度会随着测试次数的增加而减少。换句话说，测试或提取练习越多，较弱学习者的记忆重现率就越接近较强学习者。基于这些研究结果，基本可以断定提取练习对每个人的学习都有促进作用，包括那些资质较差的学习者。

图 3-2b 则展示了另一个优势：成功提取记忆的次数越多，记忆重现的概率就越大，即使在提取练习结束一周后，情况也是如此。因此，提取练习的次数越多，越能够形成长期记忆。

除了研究记忆提取次数对学习的影响外，研究人员还评估了提取练习与其他类型活动相比的相对有效性。图 3-3 显示了一项研究结果[7]，该研究对比了提取练习与学习的效率。该研究将被试分为 3 组，每组有 8 个学习时段，第一组的 8 个时段都用于学习；第二组的 6 个时段用于学习，2 个时段用于测试，即通过回答问题来进行提取练习；第三组用于测试和学习的时段一样多（4 个时段的学习和 4 个时段的测试）。

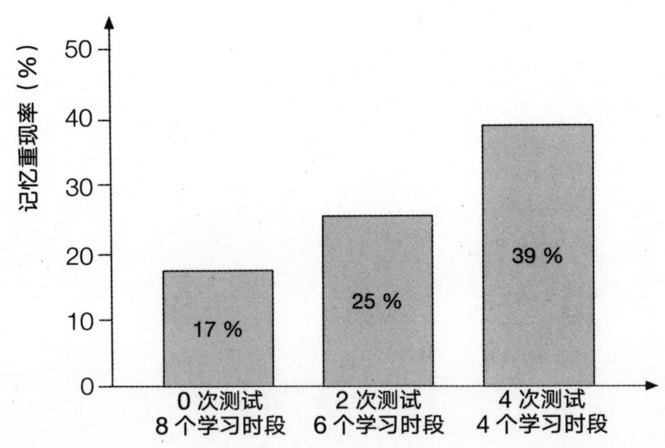

提取练习（如测试）比学习更有效。从图中可以清楚地看到，进行测试的次数比学习时段的数量更重要。事实上，通过 2 ～ 4 次测试的被试，即使学习时段成比例减少，他们的成功率也更高[8]。

图 3-3　提取练习与学习的效率对比

这项研究的结果很明确，**进行的测试越多，即进行的提取练习越多，越能显著提高学习成功率。**全部时段都用于学习的被试平均记忆重现率只有 17%。有 2 个时段用于测试（6 个时段学习）的被试表现更好，平均为 25%。最后，接受测试最多（4 个时段测试，4 个时段学习）的组成功率最高，平均为 39%。

尽管有多项研究都将提取练习的有效性与学习期间的有效性进行了比

较，仍然有一些研究人员进行了其他的对比研究，包括将提取练习和制作概念图的有效性进行了比较。这些研究仍然表明，提取练习往往更为有效，即便对一些相对复杂的、需要进行推理的理解性问题，情况也是如此[9]。

一项针对 118 篇科学论文的元分析证实了提取练习的高效性，这些论文中包含了 217 项独立实验和 272 项独立对比研究。从这些研究中测算到的效应值分布如图 3-4 所示。前面介绍过，效应值是对一个研究方法有效性的衡量。

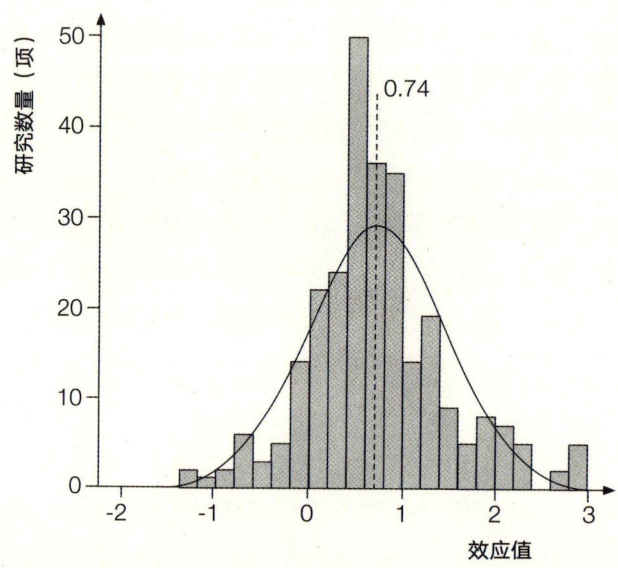

提取练习对学业成功具有显著影响。本图显示，绝大多数针对提取练习或测试练习的效果开展的研究都具有很高的效应值[10]。

图 3-4 对提取练习所作研究的效应值分布

我们注意到，这些研究中的大多数数据都表明提取练习的效应值远高于 0.4，这是影响学习的各种因素的平均效应值。研究中测算出的平均效应值为 0.74，这表明提取练习在提升学习效果方面卓有成效。

元分析还显示，采用多种不同形式的问题，如使用选择题、简答题等来进行提取练习会更加有效。有趣的是，在课堂上和在实验室中进行的研究得到的效应值都很高，而且各个阶段的学生都能从提取练习中获益，只是相比小学阶段（效应值：0.64）和大学阶段（效应值：0.60）的学生而言，中学阶段的学生（效应值：0.83）获益更多。

如何运用记忆提取原则

运用记忆提取原则的策略很多。由于提取练习是反复激活神经元的一种形式，因此，所有运用反复激活神经元原则的策略都对其适用。学习者需要规划时间，多次进行提取练习，同时避免每次练习时间过长，以避免因惯性效应引起大脑活动减少。事实上，当练习时间很长，且在训练中记忆提取变得过于容易时，最好先休息一下，然后再继续。然而，我们也不能由此就得出结论，认为一旦记忆提取变得很轻松，学习就结束了，因为，正如我们前面所讲，还需要进行巩固学习，强化神经网络的连接。最后，还要留意不要在练习时提取错误的信息，因为这会强化错误信息并增加再次犯错的概率（详见第 6 章）。

需要强调的是，在运用这些策略时，要注意平衡提取练习的难度和学习者在练习过程中出错的风险。事实上，**提取练习必须保持一定难度才能激活神经元，从而达到练习效果，但又不能太难，以免大幅增加学习者出错的风险。**

除了同时适用于反复激活神经元原则和记忆提取原则的策略外，还有一些适用于提取练习的特殊策略。这些策略旨在最大限度地提高提取练习的效率，包括经常进行测试、经常回答问题、留出充裕的记忆提取时间以及给出提示线索。

经常进行测试

运用记忆提取原则最有效的策略之一就是经常进行测试，因为测试需要通过提取记忆来回答问题。这个策略非常重要，因而提取练习的有效性通常被称为测试效应（testing effect）。

在教育领域，频繁进行测试常常被诟病。一份研究资料汇编显示，从1995年至2000年，*Educational Researcher*、*Educational Leadership* 和 *Phi Delta Kappan* 三大关注教育政策的期刊发表的文章中约有90%对在学校进行测试提出了批评[11]。时至今日，人们对于频繁使用测试仍然表现出强烈的抗拒。其原因主要有以下四点。

第一，测试会让学生对学业表现产生焦虑情绪。如果说确实有些学生和一些家长在测试和考试期间会感到焦虑，那么进行提取练习是否也会增加他们的焦虑呢？答案是否定的。因为提取练习更多的是基于一些随堂的小测试，其结果并不纳入该课程的总体考核或者其在总体考核中所占比重微乎其微。一项研究表明，在经常进行提取练习和测试的班级，72%的学生反馈在测试期间没有那么焦虑。焦虑减少可能是因为92%的学生都认为提取练习和测试有助于他们更好地学习。他们感到对知识的掌握越牢固，他们就越不担心考试不及格，从而不会那么焦虑[12]。

第二，学生不喜欢频繁进行测试的课程。在这个问题上，有研究表明，48%的学生确实表示不愿意在一门课程中多次参加测试，但是当他们在一个每天都进行测试的班级上课之后，这些学生则表示经常测试让他们学到更多知识（79%），能更好地跟上课程节奏（91%），甚至更喜欢测试了（77%）。而且，如果可以选择，学生们会重新选择每天都进行一次测试，而不是总共就进行几次测试（67%）[13]。

第三，进行多项测试需要时间，而这些时间可以用于开展其他学习活动。确实如此。但问题是，哪些学习活动会比测试更有效呢？这个问题很难回答，因为许多研究都表明提取练习的效率非常高。当然，如果一味专注测试而不进行任何其他学习活动，将一种如此有效的学习方法束之高阁肯定是错误的。

第四，频繁使用测试会导致学习者死记硬背或养成应试型学习习惯，这种肤浅的方式并不能真正帮助学生理解学习内容。在这个问题上，有多项研究表明，频繁进行测试反而可以让学习者更好地理解学习内容并实现学习迁移，至少在某些情况下是如此。此外，对所学知识的巩固以及轻松地从记忆中提取信息有助于减轻大脑负担并有利于对复杂任务的执行[14]。

人们对于频繁使用测试的抗拒，很可能是因为少有人对测试之于学习的巨大益处有足够的认识，更不了解其背后的理论依据。在我的实验室进行的一项研究表明，测试在学习中的有效性虽然已经为学界所公认，却是最不为教师们所知的教育学知识之一，只有37%的教师相信测试对于激活与学习相关的关键脑区的重要性[15]。

当人们没有意识到测试对于学习的巨大作用时，很容易认为它们只是或者更多的是一种用于评估、打分、排名和惩罚学生的工具。我们需要转变这个思维定势。**测试和考试必须被看作学习过程的一个组成部分，而不仅仅是验证学习成效的工具。**

当然，我们仍然需要在测试时有所判断，并尝试变换测试的形式和测试问题。这种变换能让学习者更好地进行学习，而且能够促进学习的迁移。我们还需要避免提取出错误信息，继而强化错误，因此需要规避学习者没有准备或大概率会答错的问题。由于学习者免不了会出错，因此当他们在测试中出现错误时，最好及时给出反馈并进行纠正。

选择和规划测试训练时，需要考虑的最后一个因素是要避免使学习者重复回忆某些知识而偏废其他。因此需要平衡提取练习的内容。因为经常进行提取练习的内容会在记忆中占据重要地位，从而更易被提取，而其他不经常被提取的内容由于得不到有效的巩固，就会退居次要地位，从而变得难以提取甚至被遗忘[16]。当两种知识存在竞争关系、都可以用来解释某种现象或解决某个问题时，尤其如此。事实上，如果一个知识被记忆得非常牢固，即便它并不适合用于完成相关任务，它也可能自发地被激活，这显然不利于激活那个合适的知识。

总而言之，鉴于测试的有效性，教师和培训师都应该经常使用。使用几个不计入期末考试成绩或者无关痛痒的简短测试或许是一种非常有效的教学策略，而且这些测试还可以让教师准确了解学生的学习情况并相应地调整他们的教学计划。

学生以及辅导孩子完成作业的家长也应该经常采用测试来促进和优化学习。重做测试或反复进行提取练习是一种非常有效的复习策略。如果没有现成的测试可用，可以自己出一套。只要确保测试内容的平衡，有参考答案可供对测试结果进行反馈，并且问题的类型能够多样化即可。

经常回答问题

每当需要回答问题，并且问题的答案需要调用存储在长期记忆中的知识时，就需要记忆提取。因此，增加回答问题的次数也很重要，而不仅仅是只在参加测试时才回答问题。

这种策略最容易被忽视的情境之一就是学习。事实上，一项研究表明，只有 10% 的学生表示会通过记忆提取和向自己提问的方式来学习，只有超过 1% 的学生表示这是他们最常用的学习策略[17]。而 84% 的学生表示会将重读课程笔记或教科书作为一种学习策略，55% 的学生甚至表示复习笔记是他们最常用的学习策略，然而这是效率最低的学习策略之一[18]。

这些数据表明学习策略的效率是可以得到大幅提高的。学生要做的不是重读课堂笔记，而是应该将笔记中的内容遮起来，就这些内容向自己提问，同时尝试回忆课堂内容，并回答自己的问题。如果什么都记不起来，或者能记起来的很少，那么学习者当然需要重读他们的笔记，但是随后他们必须在不看笔记的情况下回忆出答案。他们还可以制作学习卡，正面写问题，背面写答案，练习回答卡片中的问题。甚至有计算机软件可以快速创建虚拟的学习卡。多做几次这种提取练习，会让与学习目标相关联的神经网络越来越牢固，且更容易被激活。

当小学生学习新词拼写时，策略是相同的。他需要问自己这个词是如何写的，并努力在不看这个词的情况下尝试写出来，而不是一遍遍重读或抄写单词表。家长或同学可以帮他练习，念出需要他拼写的单词，但如果没有人帮助他练习，他也可以自己录音，念出所有需要学习的单词，然后通过听录音来进行听写。

比起直接查看问题的答案，不如重新解题或尝试在不看答案的情况下回忆出解题的步骤或解决问题所需要的知识（同时问自己“如何解决这个问题？”）。同样，如果学习者什么都想不起来，他当然可以查看答案，但随后他必须尝试在不看答案的情况下回忆出来。

读完一篇课文后，我们可以就其内容进行自问自答：这篇课文是关于什么的？讨论了哪些要点？结论是什么？如果学生无法回答这些问题，他就应该重读课文，然后再次尝试回答。

家长也可以用这种提问的策略来引导孩子在日常生活中的学习。与其直接要求孩子洗漱、刷牙或收拾衣服，不如问他需要在晚上的例行活动中做些什么。然后孩子就会在记忆中提取这些事项以及它们的顺序。提取练习将加强他对睡前活动的认识。

除了家长，老师们也应该经常向学生提问，这不仅是为了检查学生的理解程度，也是为了让他们进行记忆提取练习。

一种有趣的提问方式可以确保所有学生都参与到记忆提取练习中，而不仅仅是举手回答问题的少数学生，那就是使用计算机程序来收集每个学生的答案。通常是教师向网站数据库输入一些问题。然后，这些问题会逐一呈现在班级前方的屏幕上，学生们使用平板电脑、智能手机或专门的控制器同时作答。系统在每个问题之后自动汇总所有学生的答案，并呈现到班级前方的屏幕上，如此一来教师就能快速对学生的回答进行反馈。如果课堂上没有这种技术条件，我们也可以创造一种简易的模式，让每个学生拿着 4 张不同颜色或标有不同字母（A、B、C、D）的纸，每种颜色或每个字母分别对应答案的一个选项。学生在回答问题时举起与他们的答案相对应的那张纸即可。

即便在日常生活和工作中，也可以使用这种自问自答的策略来强化记忆。在团体讨论中，我们可以对刚刚听到的发言进行复述，并询问对方自己复述的内容是否准确。你也可以向与你交谈的对象提问，以确认他是否理解你所表达的意思。提问需要用到刚才所说的内容，这也是记忆提取的一种形式。当我们学习一种方法或向别人问路的时候，我们可以尝试复述其中涉及的步骤，一方面可以验证我们的理解，另一方面这个回忆的过程将有助于信息的记忆和记忆提取。

留出充裕的记忆提取时间

当与新知识相关的神经网络很薄弱时，我们很难重新激活它们并在记忆中提取所需的信息。记忆提取就可能需要比较长的时间。因此，教师、培训师或家长应该在提出问题后给学习者留出时间。虽然在等待回答的过程中什么都不说、什么都不做往往会很困难，因为沉默会让人感到尴尬，让人总想立刻说点什么或以非语言的方式作出反应以填补这段空白时间，所以提问者很容易在提问后立即给出答案、作出点评或是提出其他问题。然而，我们必须努力克制这种冲动。当学习者在脑海中提取信息时，最好不要干预。当记忆提取过程不太顺利时，它会在神经网络中留下更深的痕迹。我们不能中断信息提取的过程，特别是在其进行得还比较困难的时候。

一份针对多项研究的综述表明，**在提出问题后等待超过 3 秒钟，对随后的回忆有着积极的影响，而且得到的答案质量和复杂性也更高**[19]**。**还有一个好处是，提问者可以在等待回答的时候更好地思考他的下一个问题、说明或点评，这会提高双方互动的整体质量。

当学习者在提取信息时，不但应该避免说话，而且应该避免受到任何形式的干扰。特别是要防止第三人、噪声或其他事件干扰学习者的记忆提取过程。从记忆中提取信息并不是一个瞬间完成的过程。事实上，当我们在脑海中提取信息时，各种想法或画面会一个接一个地被激活。例如，当我们回忆刚刚把钥匙放在什么地方时，我们必须一步步再现之前的情景："我把钥匙放在哪儿了？昨天下班回家的时候，我没有立刻把钥匙收起来。我做了什么？……啊，我想起来了，我去清理了信箱。然后……我把信件放到了小桌子上……对，我现在想起来了，钥匙在小桌子上。"

复习做分数的加法，过程与之类似："如何将两个分数相加呢？……我记得我不能简单地将两个数字加起来。我该怎么办呢？啊，是的，必须让分数线下面的数字（分母）相同。怎么做可以让……分母相同呢？……"记忆提取过程可能涉及一系列步骤和激活，这些都是需要时间的，因此需要避免任何干扰的出现，以免中断或阻碍这个过程。

留出充裕的记忆提取时间这一策略也适用于学生和任何想要学习的人。他们需要给自己留出记忆提取的时间，并让自己置身于有利于记忆提取的环境中。因此，他们必须避开干扰源，并克制住想要立即去看笔记或从其他地方寻找答案的冲动。

给出提示

虽说我们建议至少留出3秒钟时间给学习者进行记忆提取，但在一段时间的提取无果后，我们最好进行干预。当一个人因为找不到答案而停止信息提取时，他放弃的迹象往往很明显：他会开始说话，看向另一个人，或者明确地表现出他的注意力已经转移到别的东西上了。这个时候老师、培训师或家长就该作出反应了。

当学习者的记忆提取失败时，我们的第一反应往往是立即给出答案。而另一种可行的方法是，在他进行信息提取的过程中给予适当的帮助，以便学习者能够自行完成。

我们可以简单地要求他说出自己想到了什么，这让他不得不再次进行记忆提取，可能因而获得成效。如果记忆提取仍然不成功，我们可以复述学习者之前说过的提取过程，通过提供一些线索或提示信息来帮助他们。

还有一种促进记忆提取的方法是带着提示问问题，先是加入不易察觉的提示信息，随后提示信息越来越精确和明显。例如，如果学生不记得如何做分数的加法，我们可以先问他分数的加法是否和整数的加法相同。然后问他整数和分数的区别是什么，渐渐地，我们可以将他的注意力引导到分母上来，询问他这个数字的含义是什么，如此等等。因此，关键在于给学习者提供恰当的线索，以激活与需要在记忆中提取的知识相关联的“周边知识”，进而实现相关信息的提取。

当我们独自学习时，显然很难进行自我提示。但是，如果要提取的信息在课堂笔记、书本或互联网上可以找到，我们就可以快速地查阅这些资料，当然，只是查看与答案相关的某些知识点，然后再次尝试记忆提取。

Activer ses neurones

知识点巩固

有多个理由支持通过提取练习来激活神经元的这一原则。首先，这种练习是对激活和反复激活与学习目标相关的神经元原则的最佳运用。其次，它可以更好地激活大脑中的海马和腹外侧前额叶皮层，在对信息进行有效的编码过程中，这两个脑区会更加活跃，并且让我们能够在更远的未来回想起之前学到的东西。最后，大量高质量的研究和元分析表明，提取练习能够显著提高学习效果。

我们可以采用多种策略进行有效地提取练习。

策略 1，也是研究论证最多的一个非常有效的策略，就是经常进行测试，不是为了打分和评判是否达到学习目标，而是进行提取练习。

策略 2，经常提问和回答问题，因为每次回答问题都必须在记忆中提取相应的内容来组织答案。

策略 3，留出充裕的记忆提取时间，不要中断信息提取的过程。

策略 4，当记忆提取不成功时，通过复述学习者刚刚说过的话或向他们提问来引导他们进行思考，并在这个过程中作出提示，先是作出细微的、不太明显的提示，然后逐渐明确。

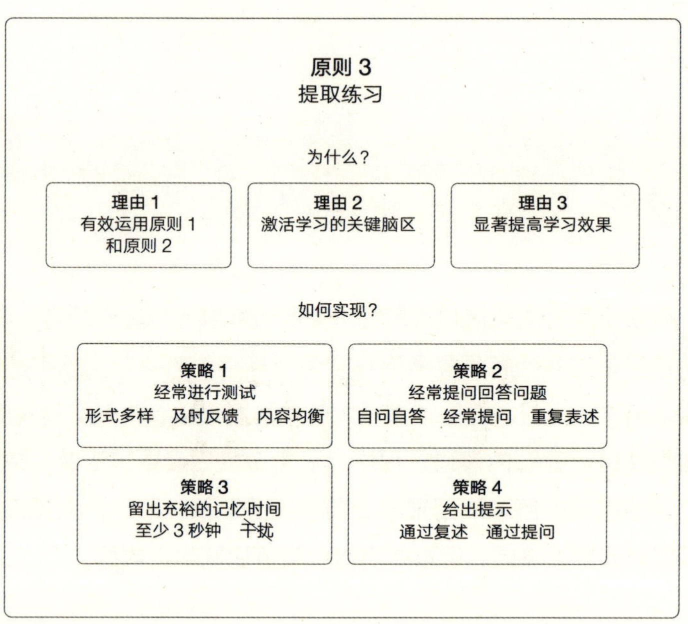

提取练习可以促进学习，因为它不仅激活了与学习相关的神经元，从而巩固了神经连接，还激活了学习的关键脑区，能够显著提高学习效果。要进行提取练习，我们可以经常进行测试，经常回答问题，留出充裕的记忆提取时间，并在必要时给出提示。

Activer
ses
neurones

第 4 章

解释说明

理解一件事的最好方式，就是去给别人讲一讲

有效激活大脑以促进学习和神经连接变化的另一种方法是进行解释说明。**解释说明原则的关键在于对某种现象或某种方法进行详细的解释或说明**，不仅要在待学习的概念之间建立连接，而且要在这些概念与现有的知识之间建立连接。现在我们将探讨解释说明原则的一些积极影响，以及运用这一原则的具体策略。

为什么需要解释说明

至少有 3 个理由支持这一原则:（1）解释的过程能够激活与学习相关的神经元，并在现有神经网络和与学习新知识相关的神经网络之间建立联系。（2）研究表明，解释说明会更大程度地激活与建立知识联系相关的关键脑区。（3）大量研究表明，解释说明能够获得更好的学习效果，且在多种学习环境中均是如此。

与现有神经网络建立连接

解释说明是一种特殊的记忆提取方式。事实上，要对一种现象进行解释或者对一种方法进行说明，需要在记忆中提取我们的知识并激活与之相关的神经元。因此，解释有助于巩固神经连接和学习，因为同时激活的神经元会连接在一起（详见第 1 章和第 2 章）。因此，解释说明是神经元激活原则和提取练习原则的一种实践方式。

尽管如此，解释说明激活的并不仅仅是与学习目标相关的神经元。事实上，解释需要在概念之间、在现有知识和新知识之间建立联系，也就是需要在不同的神经网络之间建立联系。因此，解释就是同步激活一系列相关神经网络。由于这些神经网络是同时被激活的，它们之间的联系将更加紧密，这也增加了它们被再次激活的概率。

为了理解这一现象，让我们回忆一下神经元激活的链式反应原理：被激活的神经元会激活另外一些神经元，后者再根据神经连接强度去激活其他的神经元。因此，神经网络 X 与神经网络 Y 和 Z 的连接加强将有利于其本身被再次激活，因为此后神经网络 Y 和 Z 的激活都将进一步引发神经网络 X 的激活。

这恰好部分说明了为什么有些人能够记住一长串随机数字或卡片。记住一组没有任何关联的知识是很困难的，然而，通过将数字想象成人物、地点或行为，就可以在原本完全没有关联的知识之间建立连接以帮助记忆。例如，在记住一串数字之前，我们可以将数字 1 看作一栋房子，用数字 2 代表森林，用数字 3 代表一个叫 Thomas 的人，如此等等。这样，我们要记住的不是 7，5，2，3，9，3，5，7，1，9，2 这样一串毫无关联的数字，而是“Simon（7）和 Thomas（3）以及 Olivier（9）在森林（2）中行走（5），然后 Thomas（3）和 Simon（7）走向（5）房子（1）的方向，Olivier（9）则留在森林（2）里”。建立了联系的数字会更容易被记住。

直觉上，我们往往将记忆置于理解的对立面。然而，这两者之间的区别并不像人们想象的那么明晰。要记住大量彼此之间没有任何关联或者与我们的现有知识没有任何关联的知识是非常困难的。知识之间的联系能够促进记忆。换句话说，**理解，即通过在知识之间建立联系来进行解释，会极大地促进记忆的编码并有助于未来的信息提取，这一过程反过来又促进了理解。**因此，最好不要将理解和记忆对立起来。

激活建立知识联系的脑区

信息的深度处理，即建立该信息与其他知识的联系，能更大程度地激活前额叶皮层区域。在关于这个课题的最早一批研究中，有研究者要求被试记住一个包含 80 个单词的列表，这些单词依次出现在屏幕上[1]。除了观察每个单词外，第一组被试还需要确定观察到的单词是否代表一个生物，而第二组则只需确定单词是否包含字母“a”。因此，第一组要比第二组进行更精细的信息处理，因为被试必须要建立每个词与其现有的知识的联系，也就是区分单词所代表的事物是有生命的还是无生命的。

结果表明，将单词与他们现有的关于生物和非生物的知识联系起来的被试记住了 75% 的单词，而其他被试只记住了 57% 。此外，如图 4-1 所示，被要求确定观察到的单词是否代表一个生物的被试激活了更多前额叶皮层的区域。

本研究中观察到的大脑激活区域主要涉及腹外侧前额叶皮层、背外侧前额叶皮层和前额叶皮层前部。这三个区域与一系列认知功能有关，包括工作记忆，这是一个让我们进行思考、建立思维联系的大脑工作空间。

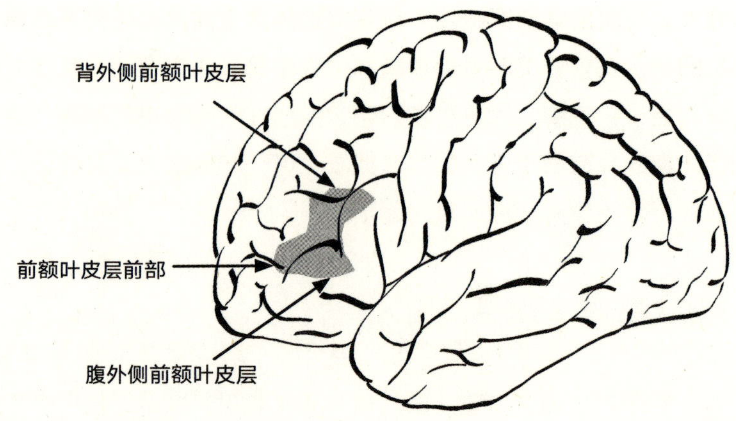

关于信息处理水平重要性的早期研究表明，将单词与已有的知识（如生物与非生物之间的区别）关联起来会带来更好的记忆效果，并能在更大的程度上激活与工作记忆和建立信息间的关联有关的前额叶皮层相关脑区[2]。

图 4-1 与认知功能有关的 3 个脑区

我们已经看到大脑的腹外侧前额叶皮层与信息的有效编码有关，该区域的激活与回忆信息的能力高度相关。这个区域也参与了工作记忆的运行。更具体地说，由于腹外侧前额叶皮层与大脑后部的几个区域相连，它负责在工作记忆中对信息进行提取以及记忆的保留，并将信息传递给它相邻的背外侧前额叶皮层。后者也与工作记忆有关，它可以将编码在大脑不同位置的两条或多条信息关联起来。前额叶皮层前部，则与信息的关联相关，我们将在后面看到。

其他一些关于脑成像的研究证实，将新知识与现有知识联系起来会激活前额叶皮层，从而促进学习。例如，在一项关于阅读理解的研究中，学生被要求使用不同的方法来阅读生物课文，包括重读和自我解释，即一种就文本内容向自己提问的解释方式[3]。正如我们所预想的那样，自我解释提高了对文本的理解。它在理解测试中的正确率为 51%，相比之下，重读组的正确率为 41%。因此，这项研究证实了提出问题和进行解释对促进学习是有益的。此外，与之前的研究一样，自我解释组比重读课文组更多地激活了前额叶皮层的几个脑区，尤其是前面提到的 3 个脑区（见图 4-2）。

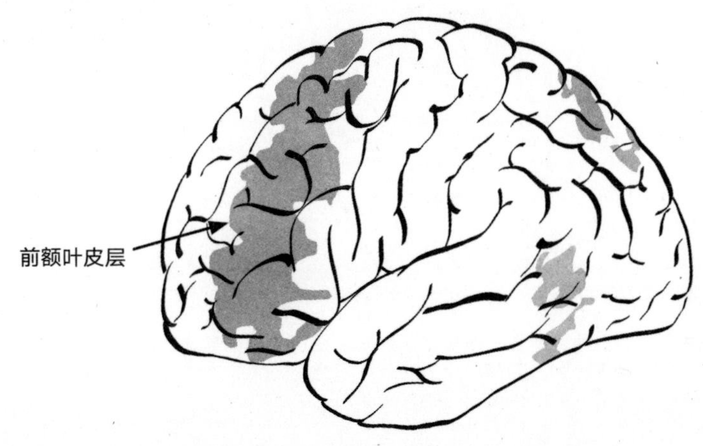

与重读相比，生物文本的自我解释可以更好地理解，同时更多地激活前额叶皮层区域和与已有知识相关的脑区[4]。

图 4-2　被更多地激活了的前额叶皮层

这项关于生物课本阅读理解的研究还对某些大脑区域的活动增加是否与理解能力的提高有关进行了更深入的研究。研究人员发现，前额叶皮层前部的激活程度（见图 4-3）与文本理解能力呈线性相关。换句话说，前额叶皮层前部在进行解释说明时越活跃，学生就越能够更好地理解所读文本。与腹外侧前额叶皮层和背外侧前额叶皮层一样，前额叶皮层前部可以根据特定的任务发挥不同的作用。在这项研究中，研究人员认为，这个脑区可能主要用于帮助被试建立已有知识和文本内容之间的联系。此外，相比重读文本，自我解释除了更大程度地激活了前额叶皮层的区域外，也更多地激活了与使用已有知识相关的脑区。

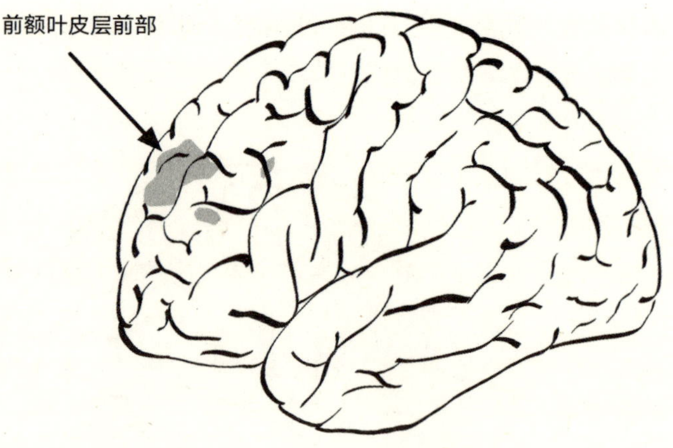

对文本内容进行解释能够更多地激活前额叶皮层前部，学习者对文本的理解也会更透彻。这种情况表明，前额叶皮层前部很可能用于在文本内容和已有知识之间建立联系[5]。

图 4-3 被激活的前额叶皮层前部

提高学习效果

在不同环境中进行的大量研究都表明了解释说明对学习是有益的。事实上，早在大脑成像研究之前，研究人员就已经证明，通过提问引导学习者进行解释说明能够非常有效地提高信息在记忆中的保存水平。

在关于该主题最早的一批研究中，一项研究将被试随机分成 3 组，研究人员分别向 3 组展示几个句子[6]。给第一组的句子是“一个勇敢的人跑进房子里”之类的基本句。给第二组的句子基本结构一样，同时说明了动机：“一个勇敢的人跑进房子里，从火中救出一个婴儿。”给第三组的句子也是一个基本句：“一个勇敢的人跑进房子里。”但要求被试通过回答“这个人为什么要那样做？”来进行解释。

结果表明，通过提问进行解释后，被试记住文本内容的准确率为 71%，只读到基本句的人平均只记住了 37% 的内容，而那些读到句子详细内容的人则记住了 35% 的内容。

除了研究通过提问来引导解释说明，还有研究人员专门对自我解释的效果进行了研究，即自己向自己提问，自己解释[7]，获得的结果也是一致的。自我解释解题步骤的学生正确率明显高于只解决问题而无须说明解题步骤的学生，即使控制了“自我解释的学生花在任务上的时间更多”这个因素，结果仍是如此。

通过提问或自我解释来进行解释说明的益处已得到了证实，且适用于各种类型的学习以及各种各样的学习者[8]。此外，一些研究还表明，解释说明除了能够促进学习，有时还有利于学习的迁移[9]。因此，解释说明原则可有效促进学习。尽管如此，有一个因素可能会影响这一原则的有效性，即学习者的现有知识水平。

事实上，当我们进行解释时，解释的质量往往取决于与相关现象或要解释的过程相关的现有知识水平。学习者如果本身已经拥有准确且有条理的知识系统，那么他将能够更轻松地作出详细而恰当的解释。相反，如果学习者的已有知识不足或现有知识系统是错误的，他将难以进行解释并在概念之间建立合适的联系。因此，我们可以提出一个合乎逻辑的假设，那就是：现有知识水平会影响解释的质量，而后者又会影响解释说明的积极效果。

一项涉及加拿大人和德国人的研究证实了这一假设[10]。研究者要求被试掌握有关加拿大各省和德国各州的一系列信息，加拿大人显然比德国人更了解加拿大，反之亦然。图 4-4 中显示的结果清楚地表明，进行解释说明（包括解释有关表述为什么是真实的）对所有人都有好处，无论他们的现有知识水平如何，但对现有知识水平较高的人益处更大。我们观察到，当现有知识较少时，即当加拿大人学习有关德国各州的信息，而德国人学习有关加拿大各省份的信息时，被试的表现提高了 11%，而当现有知识水平较高时，即当加拿大人学习加拿大各省的信息、德国人学习德国各州的信息时，被试的表现提高了 2 倍多（23%）。因此，掌握一定程度的基础知识能让学习者更多地从解释说明原则中获益。

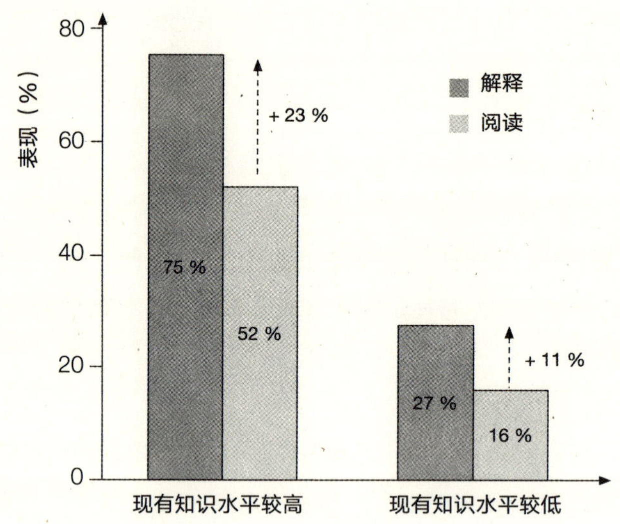

解释说明原则的有效性取决于学习者的现有知识水平。现有知识水平越高，解释越有效[11]。

图 4-4 解释说明原则的有效性

多项研究记录了进行解释说明的好处。近期，研究人员对 64 项研究进行了元分析。他们测算出解释说明的平均效应值为 0.55。作为参考，主动方法（对比被动方法）的效应值为 0.47，而提取练习的效应值为 0.74。这些研究人员还证实，在各种条件下都可以观察到解释说明的效果，而且其效应值在需要逻辑推理的任务中尤其高（1.79）。

如何运用解释说明原则

我们可以通过几种策略来优化解释说明原则的应用。有两种策略可以最有效地发挥解释说明原则的作用：通过提问引导学习者对“为什么”和“怎么办”进行解释，以及向自己解释如何解决问题的自我解释。另外还有两种策略更多地立足于最大限度地发挥提问和自我解释的效用：拓展与要解释的概念相关的现有知识，以及及时给予反馈，避免出现错误的解释。

用提问引导解释

提问是一种很有意思的应用记忆提取原则的策略。要回答一个问题，就需要在记忆中提取一段知识。比如，如果老师问学生计算三角形面积的公式，学生必须重新激活与这个知识相关的神经网络，说出面积（A）等于底边长（b）乘以高（h）的积除以 2，这会在大脑中强化这个知识并有利于之后对它的提取。

解释说明既提取记忆，但又不止于此，它是在提取后将提取到的内容与其他知识建立起联系的过程。因此，为引导解释而提出的问题要能够鼓励学习者去寻找概念之间的联系。

问“为什么”就是一个很好的方法。在计算三角形面积的例子中，学生被问到为什么三角形的面积等于 $A = bh/2$。然后学生可以解释三角形面积是一个平面面积，要得到图形的平面面积，需要将长和宽相乘，而三角形跟矩形不同，所以需要除以 2。虽然这种解释并不全面，但可以将公式 $A = bh/2$、面积的定义（平面的度量单位）、矩形的概念和矩形面积的计算联系起来。

又或者，除了简单地问“为什么是这样”，我们还可以问“为什么是这样，而不是那样”。在前面的例子中，老师可以问：“计算三角形的面积为什么要除以 2，而不是仅仅将底边的长度乘以高？”学生在进行解释时需要再次在概念之间建立联系。那么学生可能会回答：“如果是 b 乘以 h，那其实计算的是矩形的面积，而三角形比矩形小。”这种解释甚至会鼓励学生更精确地定义三角形的高（连接三角形顶点与对边且垂直于对边的线段），并借助图像来进行解释，b 和 h 相乘得出的面积总是三角形面积的 2 倍。

使用“为什么是这样而不是那样”的形式提问的例子有很多：为什么 3+2 等于 2+3 而 3−2 不等于 2−3；在“因为他是个笨蛋，我也跟你一样，认为不应该听他的”这句话中，为什么要注意将逗号加在“笨蛋”后面，而不是“你”后面[①]；为什么季节的交替是由于黄赤交角而不是地球和太阳之间的距离造成的；等等。

以“怎么办”开头的问题也能引发解释，尤其是针对包含不同步骤的提问。例如，我们可以要求学习者解释如何解决某个问题，或回答飞机是如何飞行的、身体是如何吸收食物的等。

使用以“为什么”或“怎么办”开头的问题是有效的，因为它迫使学习者进行记忆提取，并在知识之间建立联系。正如我们前文所述，这些联系使已经存在于大脑中的各种神经网络建立起连接，这将有助于它们之后被重新激活。

自我解释

这种策略通过默念或大声地自问自答，在概念之间建立联系，也包括在新旧知识之间建立联系。

---

① 原文中调整逗号的位置后，这句话的意思会变成“他是个跟你一样的傻瓜，我认为不应该听他的”。——译者注

例如，在阅读一篇文章时，学习者可以问自己，这一页上有哪些是我之前不知道的事情，以及作者为何要先说这个再说那个。当必须使用某种方法来完成一项任务或解决一个问题时，学习者可以向自己说明需要采取的不同步骤、为什么要采取这些步骤以及它们的顺序是怎样的，甚至为什么要用这个方法而不是另外一个。

自我解释并不是一种每个人天生就会的策略，它要求学习者在学习过程中停下来与自己“对话”。在阅读文本或解决问题的过程中一鼓作气，实际上比中途停下来花时间提问和自我解释耗时更少、要求也更低。这就是为什么学习者必须努力养成在学习时自问自答的习惯，而不是想当然地认为所有学习者都能自然而然地对他们正在完成的任务进行说明。

虽然目前没有针对这个问题的专门研究，但是我们可以认为，效仿他人的自我解释是学习自我解释的一种方法，即学习别人是如何进行自我提问和解释说明的。然后，当学习者渐渐不再进行自我解释或者其自问自答的内容变得过于浅显时，学习者可以就第三者向自己提出的问题进行解释说明。

学习者还可以在执行任务的过程中有意识地暂停，以迫使自己有时间进行自我解释。在时间的安排上，可以是固定间隔。例如，每看一页书之后，或者在文章或任务的关键位置做上标记（如星号）。甚至可以用倒计时来迫使自己在一段时间后进行自我解释。另一种方法是留出空白，专门用于记录自我解释（例如，在书的章节末尾）。尽管有充分的理由让我们相信解释性停顿可以鼓励自我解释从而促进学习，但此类停顿的频率太高很可能会打断学习者的思路，进而阻碍学习。因此，在完全没有解释性停顿和大量停顿之间找到恰当的平衡是非常必要的。

还有一个可以促进自我解释，在结构化的知识体系（包括现有知识）中组织新知识的方法是制作概念图，即由表示各种想法或概念的单词以及表明概念之间的联系的线条组成的示意图。

图 4-5 展示了本书截至目前所讲内容的一个概念图示例。该图包含与原则相关的词（激活、反复激活、提取练习和解释说明）、涉及的概念（神经可塑性、神经连接、学习等）以及表明概念和原则之间相互关系的线条。我们可以看到，知识和技能取决于神经元的激活，而神经元的激活可以由记忆提取或解释说明引发。其次，激活可以是一次性的或重复性的，但反复激活神经元会进一步改变神经连接，神经连接的改变又反过来影响神经元的激活。最后，由于神经具有可塑性，即大脑具有改变神经连接的能力，神经元的激活改变了神经连接，从而使得学习和发展知识技能成为可能。

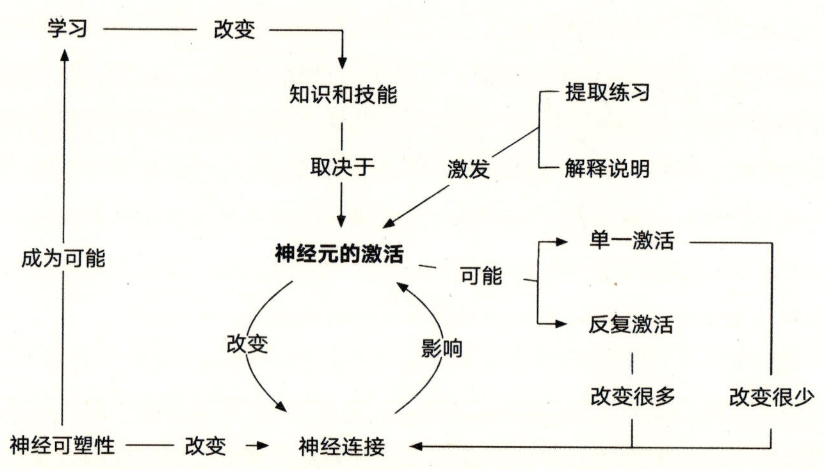

制作概念图能够帮助学习者进行解释说明。

图 4-5 概念图示例

一项元分析表明，制作概念图的效应值为 0.58，并且制作概念图比研究已经做好的图表更有效[12]。

然而，也有证据表明提取练习比制作概念图更有效[13]。因此，我们不应该过度偏重制作概念图而放弃提取练习，要知道，后者的效应值为 0.74。因此，**理想的做法是先进行提取练习，然后追加一些时间来制作概念图。**

预先拓展相关知识的储备

解释说明原则的有效性取决于现有知识的水平。一般来说，**现有知识越丰富，解释说明越有助于学习。**这很好解释，因为解释说明就是在新学的概念和现有知识之间建立联系。现有知识越丰富、越详细，解释就越丰富、越详细，解释说明原则的效果也就越明显。

因此，解释说明原则需要以一定数量的知识储备为前提。所以，在使用该原则之前，需要确保学习者拥有与要学习的概念相关的最低限度的知识储备。

在进行解释说明练习之前，可以回顾现有的知识。这种回顾不仅会强化现有的知识，而且能让现有的知识更容易进入意识层面。事实上，最新被激活的知识往往更有可能被再次激活并有助于解释说明。

如果教师、家长或培训师用提问的方式应用解释说明原则，那么他可以将学生回答时可能会用到的概念或想法融入问题中进行引导。这种引导可能是难以察觉的，但仍然有效。还以计算三角形的面积为例，如果在提问中融入矩形的概念，将会有助于学生在回答时解释为什么三角形的面积要在底边乘以高的基础上再除以 2，“你知道，我们计算不同图形的面积用的方法是不同的，矩形的面积是长乘以宽，而三角形则不同，为什么三角形的面积是底边乘以高再除以 2 呢？”在进入问题之前先提到矩形的概念将鼓励学生在解释中使用这个概念。因此，可以通过这种方式来填补先前知识的不足，还可以借此机会重新激活知识并更好地巩固它。

对解释的准确性进行反馈

虽然现有知识的不足确实会影响解释的质量，但错误的知识会让解释说明产生完全相反的效果。多项研究，尤其是对科学教学的研究表明，当一个人被要求对某种现象进行解释时，他（她）往往会根据自己的直觉和大脑中的第一反应来构建解释[14]。然而，这些想法或直觉可能并不适用于这个现象，在此基础上的解释可能会强化错误的观念。例如，让学生解释为什么夏天比冬天热，他们可能会说夏天之所以更热，是因为太阳离地球更近。这种解释好像是合理的，因为靠近热源确实会感到更热。然而，夏季更热并不是因为地球与太阳之间的距离造成的，而是因为夏天地球的倾斜角使得地球表面接收到的太阳光线比冬天多。

自发进行错误解释的例子非常多且很常见。例如，被问到一个运动的物体为什么会逐渐减速然后停下来，许多人都以为这是因为所有运动的物体都会失去其冲量。事实上，一个运动的物体永远不会减速，除非空气或摩擦阻碍了它的运动。有些人会说钉子会沉入水中是因为它比水重，但他们很清楚，远洋客轮即使比钉子重得多也不会沉没。还有一些人会说，灯泡之所以会亮，是因为有一根电线将灯泡与电池相连接，电流可以通过电线抵达灯泡，给灯泡供能从而点亮灯泡。但这也是错误的，因为事实上如果只有一根电线将灯泡连接到电池，灯泡并不会亮，需要两根电线才能产生电势差，让电子在电线中流动起来。

这样的例子不胜枚举，因此在应用解释说明原则时应该特别小心。在可能出现错误解释的情况下，最好不要解释，或者至少确保可以及时对解释的质量和准确性进行反馈。

如果是通过老师、家长或培训师提问来引导解释，那么一旦出现错误，提问者可以立即进行干预，以便迅速纠正错误的关联或解释没有被理解的概念。我们在前面已经看到，进行记忆提取需要时间。但是，一旦提取到信息并运用到解释中，如果该信息或该信息与另一个信息之间的关联是不正确的，则必须迅速采取行动，以免强化错误认知。

如果是通过自我解释的方式独自进行解释练习，当然不太容易快速获得反馈。但是，一旦对解释的准确性产生怀疑，就应该停下来并想办法验证解释的准确性。这种检查可以是查阅部分课本或课程笔记，或者在网上搜索信息以验证自己的解释是否正确，当然，即使查询的是相对可靠的网站，还是要注意不要盲目轻信那些网站上的信息。如果找不到相关的信息，那么最好将解释过程暂时搁置直到可以对信息进行验证为止。

Activer ses neurones
知识点巩固

解释说明原则是本书的第 4 个原则，至少有 3 个理由支持这个原则。首先，通过激活神经元进行解释说明能够在与现有知识和新获得的知识相关的神经网络之间建立连接并强化这种连接。随后这些连接可以促进新知识的重新激活，因为多样化的神经网络可以促进它们再次被激活。其次，解释说明还可以激活前额叶皮层的一些区域，特别是腹外侧前额叶皮层、背外侧前额叶皮层和前额叶皮层前部。这些区域都与工作记忆相关，是可以让现有知识进入意识层面并将现有知识与新获得的知识建立联系的大脑区域。最后，包括元分析在内的多项研究表明，解释说明对学习具有显著的积极影响。

要运用解释说明原则，有两个策略尤其重要。

策略 1，通过提问引导学习者进行解释。在提问的时候，要求学习者说明为什么某事是真的，为什么是这样而不是那样，以及某个程序应该如何进行、某个现象如何发展或某个物体如何运转等问题，在引发详细解释和与现有知识建立联系方面非常有效。

策略 2，自我解释。它包括对自己大声说出或在脑海中默默地说明解决问题的过程或某个现象之所以如此的原因。自我解释并不是每个人天生就会的策略，所以学习者最好先参考他人自我解释的范例。我们还可以在执行任务的过程中有意识地暂停（如在每读完一页书时），以便留出时间进行自我解释。制作概念图可以在与某个现象相关的不同概念之间建立联系，同时有助于进行解释说明。

但是，在应用解释说明原则时，必须采取一些预防措施。首先是学习者现有知识储备的水平。由于解释说明原则的有效性取决于现有知识水平，因此在进行解释之前必须充分拓展相关知识储备并尽可能多地加以利用。为此，可以预先回顾现有知识，并以能够引导和促进解释的方式进行提问（策略 3）。由于学习者的现有知识有时候是错误的，或者出现自发地基于毫无根据的直觉进行解释的情况，因此需要确保尽快对错误或不当的解释进行反馈（策略 4）。如果学习者对自己所作解释的准确性产生怀疑，则应当中断解释，找到相关信息以确认解释的准确性并在必要时予以纠正。

最后需要注意的是，虽然有大量高质量的研究支持解释说明原则，但它的效果及其应用的效应值较之目前介绍的其他原则都要小。因此，学习者最好先集中精力进行反复激活神经元和提取练

习，然后再使用解释说明原则，进一步巩固新学的知识，并将其融入已有的知识体系中。

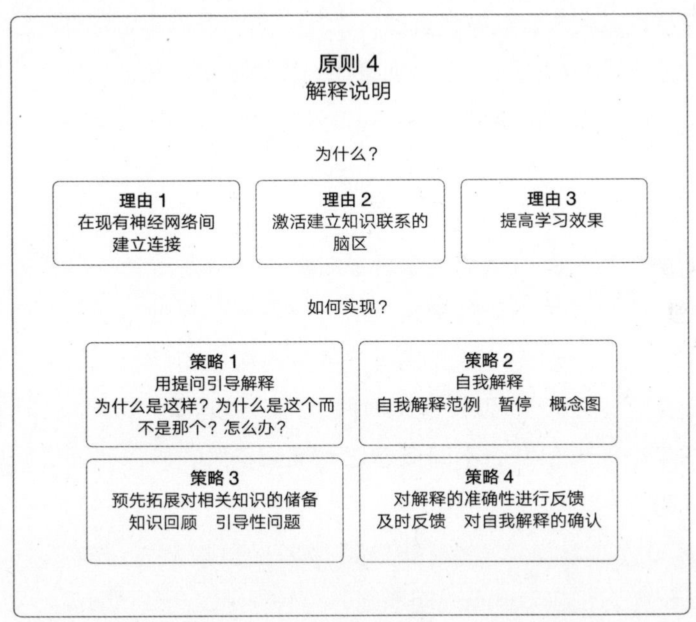

通过解释说明在现有的神经网络间建立连接，激活与新旧知识建立联系相关的脑区，并提高学习效果。解释说明可以通过回答问题或进行自我解释来完成。但是，学习者必须确保在解释说明前充分拓展对相关知识的储备，并在对解释的准确性有疑问的时候，及时获得反馈和验证。

Activer ses neurones

第 5 章

间隔神经元激活时间

间隔，让“不学习”帮你更好地学习

到目前为止，我们讨论的所有原则都与大脑神经元的激活有关。要学习和改变神经连接，需要激活与学习目标相关的神经元（第 1 章），而且要运用提取练习原则（第 3 章）和解释说明原则（第 4 章），进行多次激活（第 2 章）。

虽然激活大脑神经元是学习的基本条件，但其他因素也起着重要作用。本章我们将看到，大脑神经元激活时间的间隔方式也对学习有重要意义。具体而言，**我们将看到间隔神经元激活时间比集中激活对学习更有效**。这个间隔原则尤其重要，因为它的有效性已经得到数百项研究的一致确认，而且与截至目前讨论的原则相反，它不需要额外的时间或进行额外的练习，它只需要对激活神经元的时间进行规划。通过增加“不学习”来实现更好地学习，这是间隔原则的精髓所在。

为什么我们需要间隔神经元激活时间

至少有 3 个理由可以说明间隔原则是合理的：（1）间隔神经元激活时间有利于学习者在整个学习时段维持大脑的活动；（2）它可以在学习者睡眠期

间自发地重新激活神经元;（3）它还可以给大脑留出时间强化神经连接并显著改善学习、减少遗忘。

有利于维持大脑活动

由于同时激活的神经元会连接在一起，要学习必须激活大脑，且需要反复激活。因此，在学习活动中激活大脑并在整个过程中保持这种激活状态对于学习至关重要。然而，当我们在短时间内重复执行一项任务时，惯性效应会导致大脑活动减少。因此，我们面临着这样一个悖论：一方面我们必须反复激活与学习相关的神经元，另一方面这种反复激活会导致大脑活动减少，从而阻止神经元被反复激活。

间隔原则为这一悖论提供了解决方案，它既能够保证神经元被大量地激活，同时可以避免这些激活在时间上过于集中而导致大脑活动减少的问题。

图 5-1 显示的数据清楚地表明了间隔原则对于维持大脑活动的意义[1]。该图的左侧部分显示了在集中安排的学习时段，也就是在一个接着一个时段的集中学习下，从学习时段 1 到学习时段 4 大脑活动的演变。我们可以看到大脑活动显著减少，特别是在时段 3 和时段 4。这种大脑活动的减少可能与学习者的疲劳状态有关，但其实在学习者精力旺盛的情况下，也会发生相同的现象：多次执行相同的任务会让任务逐渐变得容易，从而减少大脑活动[2]。

这个结果很有意义，因为它表明我们可能在做无用功。在这个例子中，时段 1 和时段 2 是有助于学习的，因为在这两个时段神经元被激活，进而建立并强化了神经连接。时段 3 和时段 4 可以说是无用的，因为在这些时段内神经元没有被激活或者激活度很低。因此，我们不能仅仅是长时间地好好学习，我们需要聪明地学习。

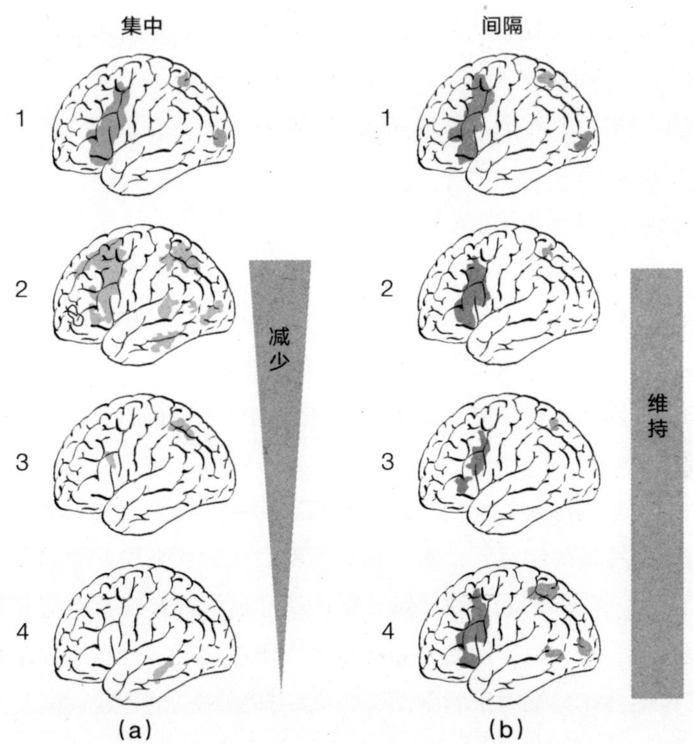

间隔学习可以让大脑在所有学习时段都保持活跃，而集中学习则会导致大脑活动减少[3]。

图 5-1　集中学习与间隔学习大脑活跃度对比

如图 5-1b 所示，间隔学习有助于防止重复和惯性效应导致的大脑活动减少。事实上，不仅在时段 1 和时段 2 可以观察到显著的大脑活动，在时段 3 和时段 4 大脑也保持了这种高水平的激活。这些结果表明，间隔学习可以保证学习者在时段 3 和时段 4 花费的时间和精力不被浪费。

有趣的是，当我们将采取间隔学习和集中学习的学习者的大脑活动进行对比时，二者最显著的差异出现在腹外侧前额叶皮层[4]。让我们回忆一下，这个区域与有效信息编码相关，在提取练习和进行解释说明时也更加活跃。

因此，间隔学习对大脑活动的积极影响可能与记忆提取和解释说明有关。事实上，如果学习时间被隔开，就必须付出更多努力来提取记忆中编码的信息，而这种提取可能需要与其他知识建立联系，以促进重新激活。

在睡眠期间重新激活神经元

间隔原则不仅可以更好地维持大脑活动，还可以利用睡眠来促进学习[5]。如果学习者的学习时段间隔超过一天或更长时间，中间必然会睡觉。因此，间隔原则也可以利用睡眠对大脑的影响并强化神经连接。

睡眠对于我们学习的一大好处，即在睡眠中大脑会无意识地、自发地重新激活与学习相关的神经元。多项研究表明，大脑会在夜间重新激活此前激活的神经元[6]。换句话说，大脑在我们睡着时会重新再现我们清醒时经历的事件，包括我们的学习。因此，如果学生在学校学习了分数的加法，他们的大脑很有可能会在睡眠时重新激活与分数的加法相关的神经元。

即便这些激活是无意识的，它们仍然有助于学习和神经连接的改变。无论我们是清醒的还是在睡眠中，同时被激活的神经元都会连接在一起。因此，在学习间隔期间睡觉可以让我们毫不费力地获得额外的激活。利用睡眠来学习，从某种意义上说，就是享受“免费”的激活，即不需要花费时间和精力的激活。因此，间隔原则就是间接地运用了反复激活神经元原则，因为睡眠会引起额外的神经元激活。

图 5-2 中的数据清楚地显示了睡眠对大脑和学习的影响。这项研究要求被试在钢琴上学习一段旋律[7]。经过训练之后，通过计算被试在规定时间按下正确的琴键的次数来衡量旋律 A 和旋律 B 的表现。如图 5-2a 部分所示，在午睡前这两个旋律的演奏成功率相似。午睡之后，研究者让被试再次演奏这两个旋律，并对其表现进行了测评。两种旋律的演奏在午睡后的表现均明

显高于午睡前的表现，且旋律 A 的表现增益（+7.9%）高于旋律 B（+2.6%）。

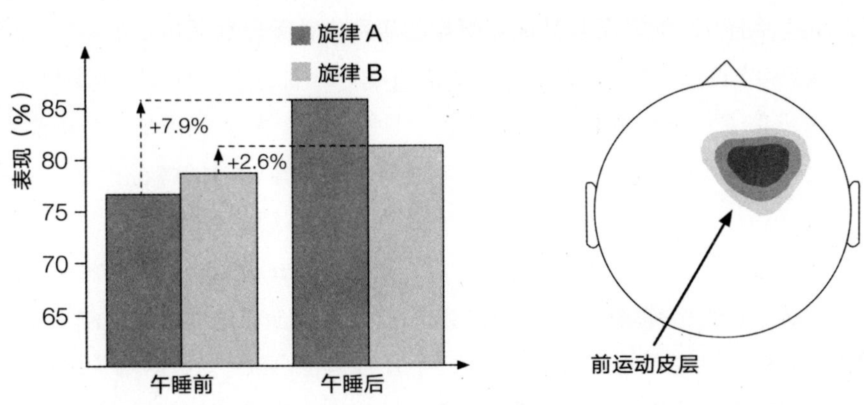

间隔原则可以利用睡眠对大脑和学习产生积极影响。a 图显示午睡后在钢琴上演奏旋律 A 和 B 比午睡前演奏得更好。我们观察到旋律 A 的演奏效果得到了更大幅度的提升，这是由于睡眠期间与该旋律相关的神经元得到了更大程度的激活。b 图显示在午睡期间前运动皮层处于激活状态。

图 5-2　睡眠对大脑和学习的影响

为了解释这种差异，除了证实睡眠可以促进学习这一众所周知的结论之外，研究人员还希望通过这项研究来验证一个假设，即睡眠可以通过再次激活与学习相关的神经元来促进学习。

于是研究人员找到了一种方式，让与旋律 A 相关的神经元相比与旋律 B 相关的神经元在睡眠期间得到更多的激活。基于之前的一些研究，他们通过在午睡时播放旋律 A 的录音，以更多地激活与旋律 A 相关的神经元。尽管低声地播放录音不至于唤醒被试，但它仍然会影响大脑的激活，增加重新激活与午睡中听到的旋律相关的神经元的可能性。

由于旋律 A 的表现增益比旋律 B 好，该研究的结果证实了重新激活与学习相关的特定神经元的假设。为了进一步确认，研究人员还使用脑电图测量了被试在午睡期间的大脑活动。他们发现，在右侧前运动皮层上方观察到的活动与旋律 A 和 旋律 B 之间观察到的表现增益差是相关的。换言之，越是在睡眠期间听旋律 A，旋律 A 的表现就越好，右侧前运动皮层就越活跃。这个区域位于大脑右半球，负责调动左手的运动。由于旋律是用左手演奏的，这一结果强化了睡眠期间重新激活神经元有助于学习的观点。

人们很容易认为这项研究直接支持了我们可以在睡觉时学习的想法，例如，在睡觉时听课程录音。这一点上我们需要谨慎。在这项研究中涉及的学习相对简单，它主要是将视觉信息（一个音符）与手指的特定运动联系起来，这种类型的学习被称为视觉运动。并不能确定本研究中观察到的效果能否在更复杂的学习中得以重现。尽管如此，最近的一些研究提出了可以在睡眠期间促进单词联想学习的观点[8]。

给大脑时间以加强连接

前两个理由与大脑激活有关，间隔原则可以让大脑在整个学习期间保持活跃，并在睡眠期间获得额外的神经元激活。间隔神经元激活时间的另一个重要原因是，它可以给大脑留出时间加强其神经连接。

从神经元激活到神经连接的强化涉及一系列复杂的分子层面和细胞层面的过程，这些过程发生的时间跨度各不相同，从几秒钟到几天不等[9]。因此，从激活到在大脑中留下痕迹，整个过程需要足够的时间才能完全实现。

将两次激活时间间隔开时，一方面，这两次激活对强化神经连接的影响是累加的（见图 5-3a）。另一方面，如果两次激活很近，则第二次激活的效果与第一次激活的效果混在一起，不能产生累加效果（见图 5-3b）。因此，如果两次激活之间没有足够的时间间隔，就不能充分发挥每次激活的效果。

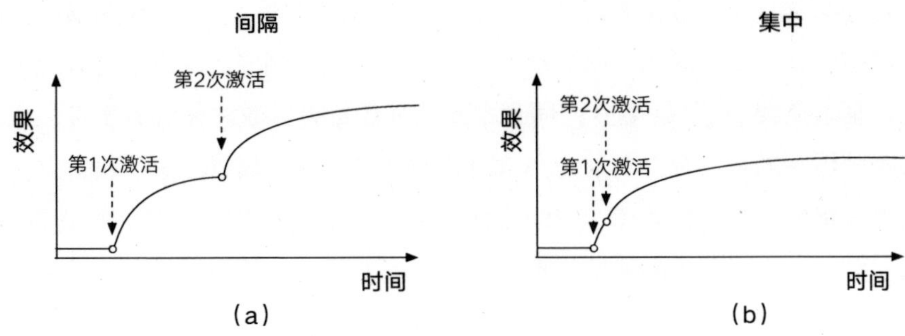

当两次激活间隔开时，这些激活对强化大脑连接的影响是累加的。然而，当第一次激活的效果还没来得及得到巩固就进行第二次激活时，第二次激活的效果会与第一次激活的效果混在一起，难以显现[10]。

图 5-3　间隔学习与集中学习两次激活效果对比

改善学习并减少遗忘

尽管间隔原则背后的大脑机制直到最近才被揭示出来，但关于间隔原则的好处是实验心理学最古老的发现之一，可以追溯到 1885 年[11]。即使在今天，**间隔原则也被认为是认知心理学对教育的最大贡献之一**[12]。

间隔原则对学习和信息保存的好处已成为数百项研究的主题，并成功在各种环境中得到验证[13]。研究表明，间隔原则的好处对年轻和年长的学习者都适用，且无论是在简单还是复杂的学习中都可以观察到它的效果，包括语言、统计、历史、心理学、阅读、自然科学、神经科学等各个领域。此外，在与我们拥有许多相似大脑学习机制的动物中也可以观察到间隔效应的存在。

间隔原则对学习的好处是巨大的。在一项使用学习卡的研究中，学生被要求在 4 天内的 4 次课程中完成对 40 张卡片内容的学习[14]。4 天学习结束后的第 2 天，学生们进行了考试。一半的卡片以集中学习的方式进行，另一半则以间隔时间的方式学习。

集中学习的 20 张卡片被分成 4 盒，每盒 5 张。学习者每天学习一盒不同的卡片，第一天学习第 1 盒，第二天学习第 2 盒，依此类推。在给定的时间内，每张卡片可以供学生学习 8 次。这一组研究以集中学习的方式进行，因为每盒卡片在一天内被学习了 8 次（其他天数用于学习其他卡片）。

另外 20 张卡片则是全部放在一个盒子中，用于每天学习。在给定的时间内，每张卡片每天只用来学习 2 次。总的来说，间隔学习的卡片总共被阅读了 8 次（与集中学习组一样），但这 8 个学习时间分布在 4 天中，而不是集中在同一天进行。

第五天，所有学生都需要回答关于卡片学习内容的测试问题。这就好像学生为了考试而学习 4 章课本，他们可以每天学习 1 章（集中学习），或者每天都学习 4 章中的一部分（间隔学习）。

图 5-4a 呈现了实验结果。与集中学习组（记住了 21% 的内容）相比，以间隔时间的方式学习卡片的效果明显更好（记住了 54% 的内容）。在这项研究中，尽管学生学习的持续时间相同，但采用间隔学习的小组记住的信息是集中学习的小组的 2.6 倍。很明显，间隔学习的学习效果更好（效应值：1.18）。

擅于批判思维的人可能会说，产生这些结果的原因也许并不是来自时间间隔，而是因为“间隔”组在测试前一天对所有卡片内容都进行了复习，而“无间隔”组在前一天只对第 4 盒卡片进行了复习。

图 5-4b 表明情况并非如此。这部分的结果与 5-4a 一致，但对“集中”组的结果提供了更多细节信息。数字 1、2、3、4 对应的分别是第一、二、三、四天学习卡片的最终测试结果。第四天即测试前一天学习卡片内容，记

忆效果更好（这是可以预见的，因为学生在学习第 4 盒卡片和测试之间几乎没有时间用来遗忘），但仍然明显低于间隔时间组获得的结果。所以，即使是在考试前一天集中学习卡片内容，学习效果也不如间隔学习卡片内容的效果好。

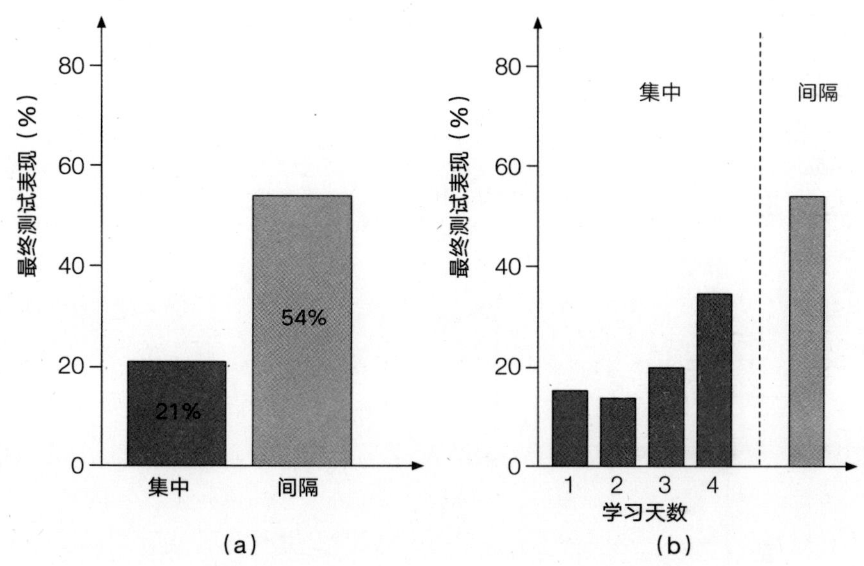

a 图显示了间隔学习相对于集中学习的表现对比。b 图显示，以集中方式学习，无论是在哪一天学，都没有间隔学习的效果好[15]。

图 5-4　间隔学习可以带来更好的学习效果

这项研究说明了间隔学习的学习效果更好。图 5-5 则展示了间隔学习的另一个好处。我们可以看到，与集中学习相比，间隔学习不但获得了更高的学习水平（最右侧的黑色箭头高于灰色箭头），而且遗忘的速度（用虚线表示）也要更慢一些（黑色虚线的斜率没有灰色虚线大）。

说到间隔时间，自然会有关于最佳间隔时间的问题，应该在两次激活之间留出多长时间以确保获得最佳的学习效果呢？这个问题是恰如其分的，特别是考虑到在两种截然相反的趋势的影响下，确实可能存在一个最佳间隔时间：(1) 在两次激活之间留出时间能够更加强化神经连接，同时，(2) 在两次激活之间留出时间又会增加遗忘的可能性，并减弱神经元之间的连接。因此，如果两次激活之间的间隔时间太长，第一次激活时学到的东西可能已经完全被遗忘；而如果间隔的时间不够长，则两次激活的效果不可累加，不能很好地强化大脑连接。所以必然存在一个最佳的间隔时间，可以最大化利用间隔原则的好处并弱化其不利影响。

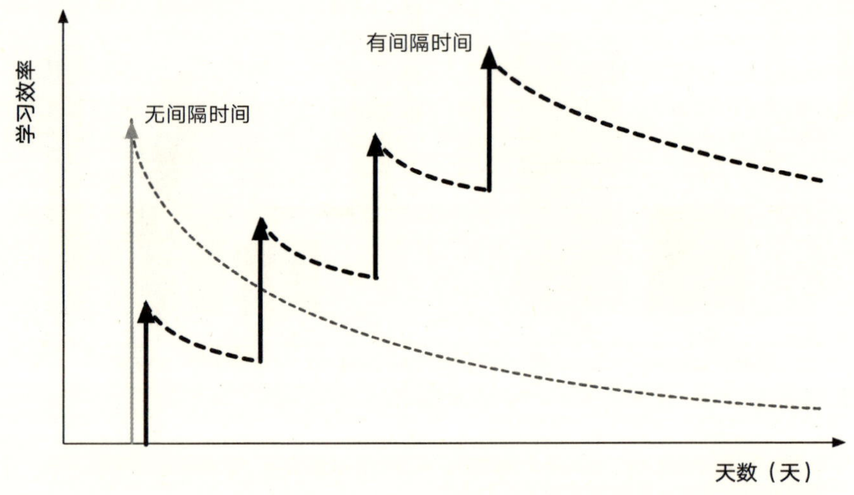

间隔学习能够获得更好的学习效果以及较少的遗忘。集中学习能够迅速提高学习水平，但随后又会由于遗忘而导致学习水平迅速下降。间隔学习不仅可以达到更高的最终学习水平，还可以降低事后遗忘的速度。

图 5-5　有间隔时间和无间隔时间的学习效果对比

这个问题已成为多项研究的主题。研究人员得出的结论是，最佳间隔时间并不是绝对的，它取决于学习者希望大脑保持信息的时间是多久。一般来说，越想长久地记住一个信息，你所需要的间隔时间也就越长。

尽管如此，需要说明的是，只要间隔时间不是太长，无论间隔时间多久，间隔学习就比集中学习好。图 5–6 显示了不同的间隔时长对于不同的信息保持期的效应值[16]。我们看到，在大多数情况下，效应值都很高。在 1 ～ 28 天的信息保持期内，激活时间间隔为 1 天的效应值甚至大于 1.0。然而，当间隔时间太长时，效应值也可为负。

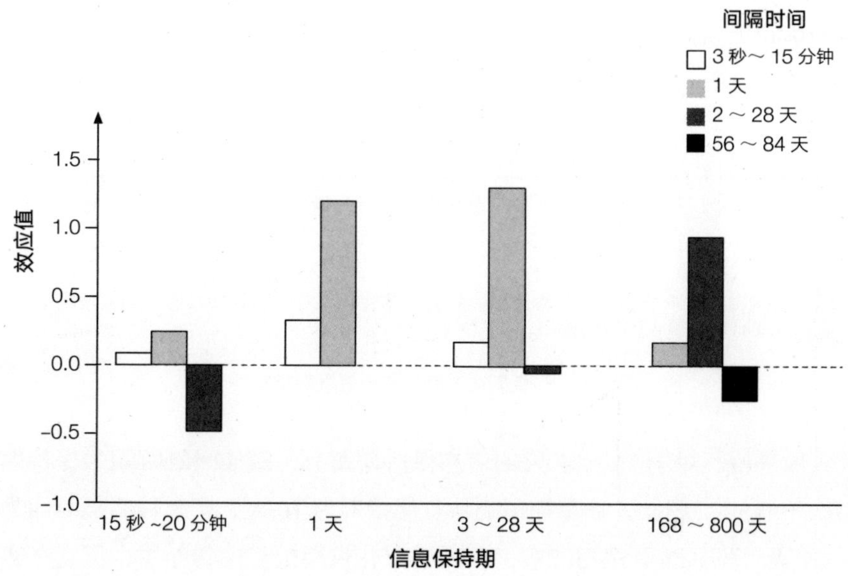

间隔时间可以对学习产生非常大的影响。本图中的数据显示，最佳间隔时间取决于学习者所期望的信息保持期[17]。

图 5–6　不同间隔时长对不同信息保持期的效应值

为了更多地了解学习者期望的信息保持期和最佳间隔时间之间的关系，研究人员制作了如图 5–7 所示的曲线。这些曲线结合了多项研究结果[18]。与 7 天信息保持期相关的曲线在间隔时间为 3 天时达到最大值。这意味着，如果我们想在最后一次激活的 7 天后仍能记住相关信息，能够最大限度地给出正确答案的最佳间隔时间是 3 天。如果期望的信息保持期为 35 天、70 天或 350 天，则最佳间隔时间分别为 8 天、12 天和 23 天。

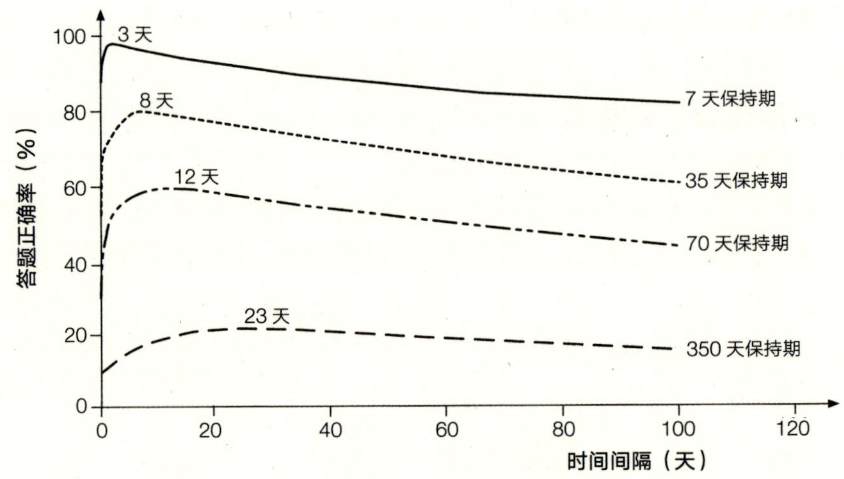

图中 4 条曲线显示了答题正确率随着间隔时间的变化趋势。每条曲线的顶点对应相应信息保持期的最佳间隔时间[19]。

图 5-7 最佳间隔时间取决于信息保持期

一般来说，对于 7 ～ 35 天的信息保持期而言，最佳间隔时间为保持期的 20% ～ 45%。因此，如果期望的信息保持期为 10 天，则最佳间隔时间为 2 ～ 4.5 天。虽然这个规则证实了间隔学习在长期记忆中的作用，但它在实践中的运用比较受限。因为在实践中，我们通常希望在短期、中期和长期等不同时间范围内记住所学的知识，我们往往会在需要的时候（比如在参加考试前）进行学习或训练。尽管如此，我们还可以想象一些意外的情况（比如旅行）会妨碍我们在考试前学习。如果需要在一个 14 天的旅行结束后进行考试，那么最好在旅行前就开始学习，按照信息保持期的 20% ～ 45% 安排间隔时间，也就是每 3 ～ 6 天学习一次。

如何运用间隔原则

有很多方法可以实现间隔原则。我们将详细介绍其中 4 种主要的方法：（1）分散安排学习时间；（2）逐渐增加间隔时间；（3）交叉学习；（4）摒弃认为集中学习更有效的直觉。

分散安排学习时间

运用间隔原则最直观的策略就是分散安排学习的时间。当集中学习时，学习活动要在同一时段内完成。而要利用间隔原则，这些活动必须分散在多个时间段内。图 5-8 展示了该策略的总体思路：学习活动分布在 3 个时段内而不是集中在同一个时期。

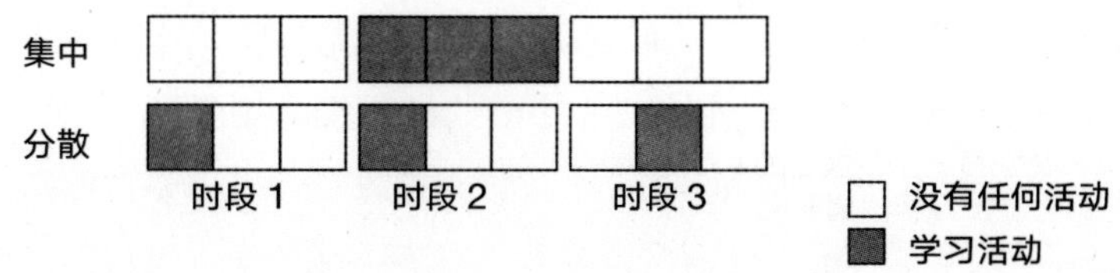

分散安排学习时间，即将学习任务分散安排在三个不同时段进行。而不是集中安排在同一个时段内。

图 5-8　分散安排学习时间的总体思路

提高训练频率，减少训练时长。要分散学习时间，首先想到的就是提高训练频率，减少单次学习时长。如果目标是学习弹吉他或学习一门新语言，最好是进行短时、多次的练习，而不是一次练习很久。比如，每天训练 10 分钟就好过每周训练两次、每次 35 分钟。这两种情况下的学习总时长都是 70 分钟，但由于学习时间分布在几天之内，每天训练 10 分钟的效果会更好。

在运用间隔原则时，必须考虑环境因素，因为在实践中，分散的时间有一个限制。设想一个极端场景，一个人为了最大化间隔效应，每天练习吉他 20 次，每次只练 30 秒。从理论上讲，由于学习时间是分散的，其获得的学习效果会更好、更持久。然而，在实践中，这个方法却有几个缺点。

首先，在30秒练习时间之外还需要加上一些准备时间，比如坐下来，取出吉他和乐谱，然后开始演奏。这部分额外的非学习时间就会造成严重的浪费。其次，还得在一天中抽出20个时段来训练，这意味着你可能不得不中断20次本来在做的事情。最后，停下来训练的这些时间可能会分散我们的注意力，影响我们完成日常工作，降低我们的工作效率。因此，我们需要考虑学习的环境，以评估可以在多大程度上分散学习时间而不至于造成太大的负面影响。

“短时多次”的技巧尤其应该运用在学校安排上课时间上。一般而言，最好安排多个时长较短的课程，而不是集中安排几个时长较长的课程。因此，6节1小时的课程安排就比2节3小时的课程安排更合理。这里也需要根据学习环境来考虑分散时间的限制。例如，考虑到学生需要在课间从一个教室换到另一个教室，那么很难想象安排20分钟的课程。因为更换教室确实会浪费很多时间，而且还需要足够的时间做准备。如果课时是20分钟，而考勤、准备学习资料等常规事项就需要5～10分钟，那么学习时间就只剩下10～15分钟了。也就是25%～50%的时间都不能用于学习，这显然没有意义。另外，以大学的课程安排为例，大学课程通常每周一次，每次3个小时。理论上，最好是将每周3个小时的教学时间分散到2个90分钟的课程或3个60分钟的课程中。但是，很少有大学这样做，因为必须考虑到这样一个事实，即学生通常不是整天都待在学校里，而仅仅是为了上课才来学校的。如果他们每次来只上60分钟或90分钟的课，他们就会认为课程时间太短了。

除了调整课表之外，在安排作业和自习的时候也可以运用间隔原则。给学生布置作业和自习是一种在不改变课程表安排的情况下间隔学习时间的简单方法。由于作业和自习都是在课后进行，所以做作业和上自习的时间必然与课程时间是分隔开的。

教师不仅可以布置作业和自习，还可以通过优化对作业的安排来取得更好的教学效果。例如，老师可以更多地布置只需较短时间即可完成的作业。因此，与其每周给学生布置一个 30 分钟的作业，不如给学生布置 3 个可以在 10 多分钟内完成的作业，但时间分散到整周。

公司培训也应该尽可能地分散时间进行。与其每年进行一次长达一周的漫长培训，不如在一年中安排 5 次为期一天的培训。当然，时间的限制会让分散训练时间变得困难，但也应该利用一切可能性，在实际操作中尽量让培训时间分散。

遗憾的是，培训师很少能够自主决定分散培训时间，因为培训时间通常是由雇用他们的个人或组织决定的。但是，他们可以预先准备一些培训前的热身活动或课后活动，比如提供阅读材料给受训人员，要求其在培训前或培训后进行阅读。当然，增加“课外活动”已经超出了简单的间隔原则，因为这不仅仅是分散进行计划中的活动，而是增加新活动。尽管如此，在培训前或培训后安排活动也是实现间隔原则的一种方式。

最大限度地增加学习时段的间隔时间。第二种可以进一步优化分散学习时间的方法是规划学习时段，尽可能增加两个学习时段的间隔时间。

例如，学校在设计课表时应当避免连续安排两节同一科目的课（比如下午连续安排两节 1 小时的数学课），且一个科目的上课时间尽量集中安排（如星期一和星期二各排一节课，但在本周其他时间里不再安排这一科）。同时还应避免在同一科目的课程之后或之前紧接着安排同一科目的补课时间（比如在中午的数学课之前或者之后紧跟一节数学补习课）。

还有一个可以最大限度利用分散学习时间来完成作业和自习促进学习的方法是，帮助学生（及其监护人）规划自习和作业的时间表。比如我们可以建议学生安排出两三天时间来完成一个长期作业，而不是在一天内完成。

研究也是如此，我们可以帮助学生安排研究时间，将一个科目的研究时间分散到几天之中而不是集中在一个漫长的夜晚。可惜的是，事实上学生们往往只在考试前一天集中学习一次。我们需要向他们提供建议并解释清楚，将他们的学习时间分散在几天之中可以取得更好的学习效果，且不用付出额外的努力。

在应用间隔原则和最大限度地增加学习时间间隔方面，我们还可以更进一步。比如我们在为学生规划学习时间表时，可以错开某一科目的课程时间和该科目的作业以及自习时间，不让两者在同一天进行。图 5-9 展示了一个可行的示例。如果数学课排在周一、周二、周四和周五，那么数学的自习和作业时间最好排在周三（这天没有数学课），以增加学习数学的间隔时间。

	周一	周二	周三	周四	周五	周六	周日
9:00–9:45	数学	地理	自然科学	物理	法语		
10:00–10:45	法语	英语	历史	法语	自然科学		
11:00–11:45	物理	历史	法语	数学	物理	地理自习	历史自习
13:30–14:15	音乐	数学	物理	英语	英语		
14:30–15:15	自然科学	自然科学	英语	地理	数学		
17:00–17:45	英语自习	法语自习	数学自习	自然科学自习	音乐自习		

规划自习和做作业的时间是一种简单的运用间隔原则的方法。在这个时间表中，数学自习安排在没有数学课的那一天。

图 5-9 规划时间表的示例

逐渐增加间隔时间

分散安排学习时间并不能准确地告诉学习者激活神经元的最佳间隔时间是多久。最佳间隔时间的问题很复杂，因为它要根据我们期望的信息保持期而定。此外，将间隔时长与信息保持期结合起来这条规则，在实践中仅适用于极少数特殊情况。

有一种更简单实用的方法可以具体解决最佳间隔时间的问题。事实上，研究表明，逐渐增加学习时段之间的间隔时间往往比总是遵循相同的间隔时间效率更高。因此，与其寻找一个固定的间隔时间（如每隔 1 天），不如逐渐增加学习时段之间的间隔时间（如从 1 天到 2 天，然后从 2 天到 3 天，依此类推）。

图 5-10 展示了关于这个问题的一些研究结果[20]。图中曲线显示了学习水平随时间的变化。灰色曲线显示了间隔时间恒定时（训练间隔为 10 天）记忆重现率的演变，黑色曲线则显示了间隔时间逐渐增加时（从 3 天到 9 天再到最终的 28 天）记忆重现率的变化情况。在每个学习时段都可以观察到记忆重现率先是迅速上升，随后由于遗忘而下降。

从这张图中可以看出逐渐增加间隔时间的两个优势。首先，间隔时间递增的黑色曲线普遍高于间隔时间恒定的灰色曲线。这意味着使用渐进式间隔时间的学习者的表现几乎一直优于其他学习者。唯一的例外是在间隔 20 天时，此时恒定式间隔组的学习者刚刚接受了一轮训练，而渐进式间隔组的最后一次训练已经过去了 10 多天。其次，从长远来看，渐进式间隔组的遗忘速度会略微低于恒定式间隔组（黑色曲线高于图中右侧的灰色曲线）。这一优势虽然有限，但仍然值得强调。

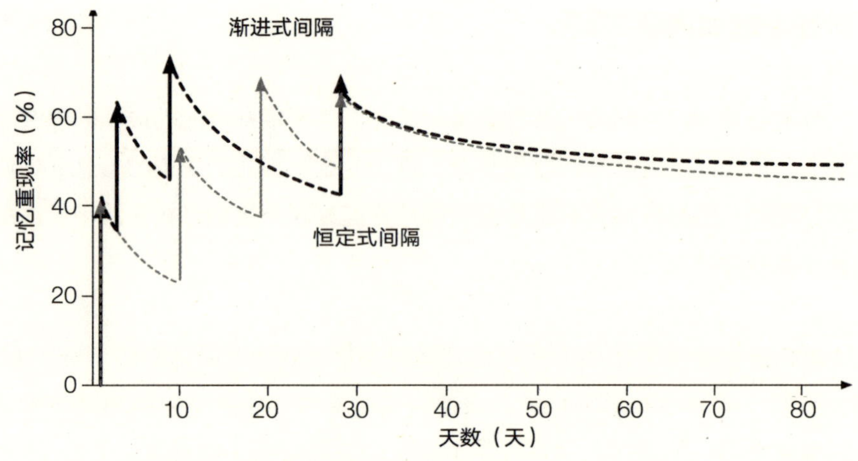

图中代表渐进式间隔时间的黑色曲线普遍高于代表恒定式间隔时间的曲线。此外，渐进式间隔时间在减少遗忘方面略具优势（见图右侧）。

图 5-10 逐渐增加间隔时间的优势

因此，相比于恒定式间隔时间，我们更推荐渐进式间隔时间。此外，考虑到学习中的遗忘现象，渐进式间隔还能产生预期的积极影响。实际上，在学习开始时，神经连接虽然开始加强，但它们本身仍然很脆弱。因此，在训练刚开始时不应间隔太长时间，以免遗忘甚至完全消除刚刚建立的脆弱连接。另外，经过几次学习之后，神经连接的强度有了显著提高，以至于增加间隔时间并不会明显削弱连接。最后，经过几个时段的学习之后，神经连接已经足够牢固，可以在没有激活的情况下保持很长时间。

图 5-11 显示了一个渐进式间隔学习时段的示例。a 图表明了 8 个学习时段之间的间隔逐渐增加的总体情况。b 图则是更详细的计划，明确了在一个月的时间内具体如何安排学习时间。我们可以看到，学习时段 2 在学习时段 1 的一天后，学习时段 3 在学习时段 2 的两天后，依此类推。需要注意的是，渐进式间隔时间也可以在更短的时间范围内进行规划。例如，第二次学习激活可以在第一次激活后 2 分钟进行，第三次在第二次激活的 5 分钟

后进行，依此类推。

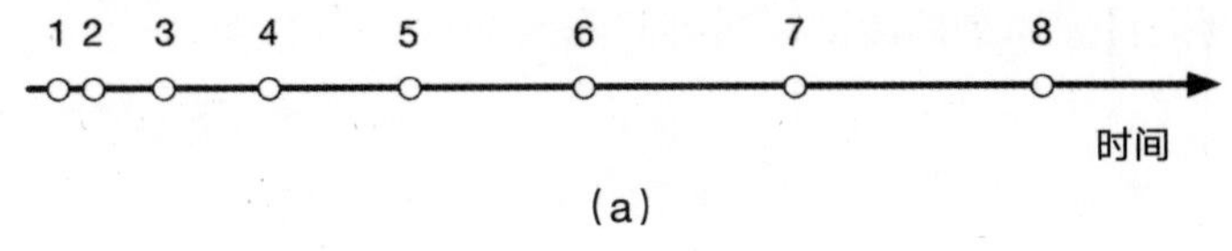

（a）

	周一	周二	周三	周四	周五	周六	周日
周一	1	2		3			4
周二				5			
周三		6					
周四		7					
周五			8				

（b）

实现渐进式间隔需要增加每个学习时段之间的间隔时间。a 图 8 个学习时段之间的时间间隔逐渐增加。b 图展示了在一个月内以渐进式时间间隔的方式安排 8 个学习时段的示例。

图 5-11　渐进式间隔学习时段规划示例

交叉学习

应用分散学习时段策略的困难之一，是我们需要拥有多段可供安排学习的碎片时间。但是我们可以用来学习的时间往往有限。比如只能在每周的特定日期（如周一和周四）安排一次或两次培训和课程。除去体育活动和其他安排，一天下来可以用于学习或做作业的时间也有限。即使是出于个人目的的学习，例如学习一门新语言或学习钢琴，也可能因为个人、家庭或工作上的责任和义务而让学习时间受限。

此外，学习大多数时候需要同时满足几个彼此相对独立的目标。例如，学习吉他，需要学习读谱和和弦并记住每个音符和和弦的确切位置等。因此，学吉他不仅仅是学“吉他”，还要学习 E 和弦、D 和弦、G 和弦等。在一个学习时段中，我们可以进行不同的活动以实现不同的目标。利用学习的这个特点，在学习时段有限的情况下，我们也可以通过在一个学习时段中交叉安排与不同目标相关的活动来运用间隔原则。

图 5-12 展示了一个交叉学习时段的示例。与分散学习类似，交叉学习同样是将与学习目标相关的一系列活动分散到多个学习时段中。然而，与分散学习不同的是，与其他学习目标相关的活动可以在同一个学习时段中进行。例如，与其将学习目标 1 相关的所有活动都集中在学习时段 1 中，不如将它们分散到三个学习时段中。学习时段 1 中不用于目标 1 的其他时间则可以分配给实现目标 2 和目标 3 的学习活动。

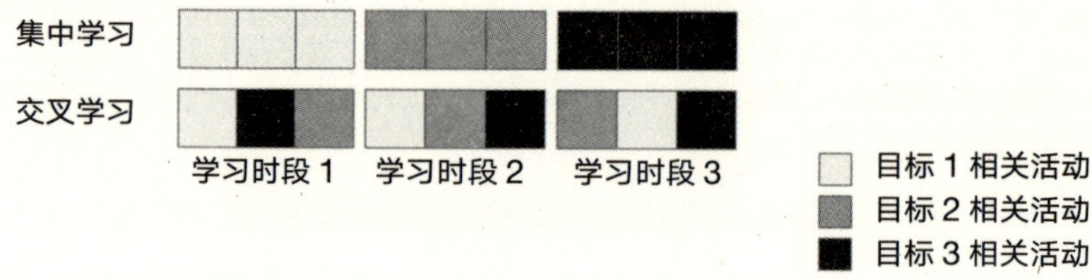

应用间隔原则时，可以将针对不同学习目标的活动交叉安排在同一学习时段中。如果有三个时间段来完成三个学习目标，则与每个目标相关的学习活动可以分散在三个时间段内，而不是集中在一个时间段内进行。

图 5-12 交叉学习时段的示例

细分学习时段，安排交叉学习。在固定时间内进行的课程和培训中，学习者必须充分利用整个学习时段，这个时候尤其适合交叉安排学习时间。根据间隔原则，我们需要进行短时多次的训练。那么，如果不能一次性完成与某一个学习目标相关的所有活动，要如何处理课程或培训中的剩余时间呢？如果课程或培训分成多个时段进行，那么每个时段可以再细分为两个或三个时段。例如，一个学习时段为一小时，教师或培训师可以将其分成三个 20 分钟的子时间段，每个子时间段用于不同的学习目标。

当然，要做到这一点，目标之间不能有层级关系。如果目标 2 以目标 1 作为先决条件，那么将目标 1 和目标 2 的活动交叉安排在一起则是不可行的，或者至少是不可取的，因为只有在获得目标 1 相关的知识和技能的基础上，才能获得目标 2 相关的知识和技能。好在课程或培训涉及的目标或主题通常都是彼此相对独立的。例如，物理老师可以将力学和电学这两个与学年目标相关的活动在课堂上进行交叉安排。与其让学生们在上半年集中学习力学、下半年集中学习电学，他大可将每堂课分为两部分，第一部分讲授力学，第二部分讲授电学。

细分学习时段的技巧在安排自习时段时同样适用。每个自习时段都可以涵盖多个科目，而不是一整天自习同一个科目。例如，与其周一自习英语，周二自习法语，周三自习自然科学，不如让每天的自习都包含这三个科目。如此一来，每天都可以交叉学习这三个科目，而无须安排更多的学习时间。

并不是所有人都天生就会制定这种学习规划，因此需要老师和家长帮助学生以这种方式来安排自习。例如，在学年开始时，学校可以告知家长实施该策略的重要性，并运用细分技术制订周计划。图 5-13 给出了一个自习计

周一	周二	周三	周四
法语 第 4 部分单词 （5 分钟）	自然科学 能源的种类 （5 分钟）	数学 7 的乘法口诀 （5 分钟）	法语 第 4 部分单词 （5 分钟）
数学 7 的乘法口诀 （5 分钟）	法语 第 4 部分单词 （5 分钟）	历史作业 第 2 部分 （5 分钟）	自然科学 能源的种类 （5 分钟）
历史作业 第 1 部分 （5 分钟）	数学 7 的乘法口诀 （5 分钟）	自然科学 能源的种类 （5 分钟）	其他

交叉安排自习和作业有助于应用间隔原则。例如，与其花一整段时间来自习一组词汇，不如只花一部分时间完成这个目标，剩余时间用于其他事情，然后再在另外一些时间段内安排时间自习词汇。

图 5-13　自习计划的示例

划的示例。相比简单地宣布我们这周要自习第4部分的单词、7的乘法口诀、能源的种类以及完成历史作业，我们可以制作一个时间表，细分每个自习时段，以便每天都可以交叉安排不同学科的自习任务。

通过混合练习进行交叉学习。除了交叉安排与不同学习目标相关的活动，还可以通过在一个学习活动中混合不同的练习类型来实现微交叉。这个方法尤其适合用来复习。比如学习分数的加法和乘法，最好将不同类型的问题放在一起进行训练而不是将它们分组单独练习（见图 5-14）。

集中练习	$\frac{3}{7} \times \frac{2}{3} = ?$	$\frac{2}{4} \times \frac{1}{2} = ?$	$\frac{5}{9} \times \frac{3}{6} = ?$	$\frac{1}{5} \times \frac{3}{8} = ?$
混合练习	$\frac{3}{7} \times \frac{2}{3} = ?$	$\frac{1}{2} + \frac{3}{5} = ?$	$\frac{5}{9} \times \frac{3}{6} = ?$	$\frac{5}{6} + \frac{2}{3} = ?$

将分数乘法和加法混合在一起练习，学习的效果会更好。

图 5-14 通过混合练习来实现交叉学习

安排混合练习的场景可以有很多。例如，学习吉他的时候，可以混合练习 D、G、E 和弦。相比先反复练习 D 和弦，再练 G 和弦和 E 和弦，不如各个和弦交替练习。这种交叉练习的方式，可以增加激活的间隔时间。

至少有 3 个理由可以证明混合练习的有效性。（1）我们刚刚已经看到，交叉练习会增加激活的间隔时间，可以在训练期间更好地维持激活，避免惯性效应。（2）在进行混合练习时，首先需要提取记忆中的一条信息（如 D 和弦的指法），将其从工作记忆中提取出来，再提取另一条信息（如 G 和弦指法），然后必要的时候在记忆中再次激活它。这种记忆体操对记忆提取的要求更高，学习的效率也更高。（3）从一种练习转换到另一种练习的过程，不但增强了大脑区分不同训练类型的能力，还需要进行更深入、更精细的信息处理。正如前文所见，一定程度的难度对学习是有利的。

尽管如此，混合练习最好还是循序渐进。实际上，为了激活大脑，我们选择的任务需要有一定难度，但又不能难到不能完成的程度。因此，在刚开始学习时，一项任务可能很难，即便是一丁点儿额外的困难也可能妨碍其完成，这时可能就不便进行混合练习。然而在其他情况下，混合练习是有利于学习的。

通过回顾已经学过的内容实现交叉学习。应用交叉学习最简单的技巧之一就是回顾以前学习过的内容。这里说的回顾，不仅仅是上一课或最近涉及的内容，而是过去几天、几周甚至几个月前看到的内容。

这个技巧有一个优点，那就是它不需要对已经制订好的学习计划进行重大修改，而只需在其中穿插一些碎片时间，用以重新激活以前的知识。换句话说，这种方法不是将一个学习时段分为两个或三个等长的子时间段，而是将其分为相差很大的两个部分，一部分只有几分钟时间，用于重新激活，另一部分几乎与预计学习时段等长。

在课堂学习和培训中，对先前内容的回顾可以融合进课堂的例行安排中。比如可以在每节课开始时进行回顾。可以采用提问或小练习的形式，重新激活较早之前看过的内容。这个复习小插曲可以作为一项挑战安排给学生。这种方法的一个优点是不需要改变现有的课程计划，而只需预留少量的复习时间。

另外一种复习以前所学内容以实现交叉学习的方法是，在现有的练习和考试中添加一个问题，该问题与当前课堂上所讲的内容无关，而是关于很久以前学习的内容。这个额外的问题可以作为一个挑战题，答对可以获得加分。同样，这种方法不需要大幅改变学习或训练计划，而只需要在现有材料中添加一个问题。

这种复习过往内容的技巧也可用于自习。如果预计的自习时间是 30 分钟，则可以留出几分钟来复习以前的内容。复习的内容可以是与所自习的内容相关的，也可以是完全无关的。目的是以间隔的方式重新激活与之前学习相关的神经元。

相同的技巧还可以用于自学，如学习吉他或一门新语言。可以在开始学习课程前留一小段时间来重新激活以前的知识。如 D 和弦和 E 和弦在之前的课程中已经学过，且本次课程主要是学习 G 和弦和 A 和弦，则课程开始的头几分钟可以用来复习 D 和弦和 E 和弦，并不会对新和弦的学习活动造成过多干扰。

摒弃认为集中学习更有效的直觉

读到这里，间隔学习的好处可能越来越明显，很容易让你觉得所有人都会认同间隔学习比集中学习更好这一观点。然而事实并非如此。

还记得本章前面讨论过的对于使用学习卡的研究吗？研究结果显示，以间隔方式学习比以集中方式学习卡片的记忆效果明显更好。然而，当该研究的研究人员询问被试间隔学习和集中学习哪种方式的效果更好时，72% 的人在第一次学习结束时表示以集中方式学到的东西更多。最终测试的结果却表明，间隔学习效果更好。可见，间隔学习的好处对某些人来说可能是反直觉的。

这是因为激活与某个学习过程相关的一组神经元会使得下一次激活变得更容易。因此，如果在相对较短的学习时间内反复学习同一张卡片 8 次，那么学习者自然会觉得记住卡片内容对他们来说变得很容易。然而，正如我们所看到的，时间相近的激活对加强神经连接的作用并不大，因此不会像间隔激活在大脑中留下的痕迹那么多。这意味着时间相近的重复激活不如间隔激活对学习的帮助大。

尽管教师、培训师和家长一般都会凭直觉认为间隔学习比集中学习更有效，但一些日常现象会强化相反的观念。确实，在学习一组单词的拼写时，连续进行 5 次学习活动后，学生的正确率往往会很高，且做起来显得很轻松，这会给人一种集中学习效果很好的印象。

还有一个现象也会增强人们对集中学习的信心，即间隔学习活动会造成遗忘。的确，由于间隔造成的遗忘，第二次学习活动开始时的表现水平往往低于第一次学习活动结束时的表现水平，这会让人认为间隔学习并不好，因为遗忘让我们不得不重新学习。

图 5-15 显示的研究结果很好地说明了这一点[21]。相比交叉学习，将相同类型的练习集中进行时，练习期间记录到的表现会更好。这种表现上的优势让集中学习看起来比间隔学习更有效。但是，在所有练习结束后的最终测试中获得的结果却清楚地表明，间隔学习比集中学习更有效。将相同类型的问题集中在一起可以使得练习更容易，但这种过于简单的方式其实并不利于学习，其结果也反映在了最终测试之中。**换句话说，如果我们看中的是某个任务（不是整体学习目标）的最佳表现，那么最好将相似的子任务集中在一起完成。然而，为了获得更好的学习效果，交叉学习会更有效。**

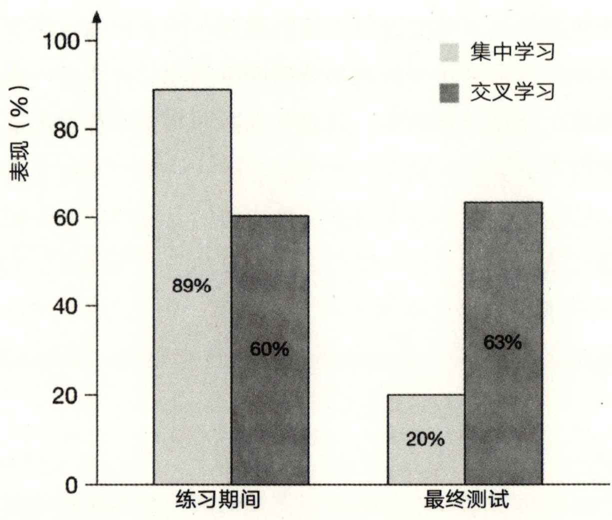

在练习期间交叉设置问题类型比集中设置一类问题的学习效果要好，如测试结果所示（图右侧部分）。然而，将相同性质的练习集中在一起进行会更容易，所以在练习期间集中学习的效果更好，这会是造成对其有效性的一种错误认知。

图 5-15 集中学习和交叉学习的效果对比

间隔神经元激活时间是本书的第 5 个原则，有几个理由可以说明它的合理性。第一，重复密集激活神经元引起的惯性效应。这种惯性导致大脑活动逐渐减少，会干扰学习，不利于神经连接的强化。因此，将神经元的激活间隔开可以在整个学习期间更好地维持大脑活动。第二，在睡眠期间，大脑会重新激活学习所涉及的神经元，重现清醒时所经历的事件。因此，间隔学习可以利用睡眠时大脑自发的重新激活，就如训练引起的激活一样，可以促进学习。第三，改变神经连接的生化机制需要时间来完成。如果由一组激活引起的神经强化过程没有完成，则额外的重新激活在加强大脑连接方面贡献甚微。因此，间隔学习时间能够更充分地利用每次激活。第四，间隔不仅可以改善学习效果，还可以通过建立更强大和持久的大脑连接来减少遗忘。

要应用间隔原则，至少有 4 种策略。

策略 1，分散安排学习时间，而不是将学习期间集中在一起。换句话说，要获得更好的学习效果，我们就需要更频繁地训练，但每次的时间不宜太久，而且需要尽可能地延长学习时段之间的间隔时长。

策略 2，逐渐增加间隔时间。研究表明，逐渐增加激活的间隔时间可以最大限度地利用间隔学习的好处。因此，学习的间隔时间最好是先短后长，逐渐增加。

策略 3，交叉学习。要实现交叉学习，我们可以将学习时段划分为几个子时间段，每个子时段都将用于不同的学习目标；或者在练习中穿插不同类型的问题；又或者对几天前、几周前甚至几个月前学习的内容进行简要回顾。

策略 4，摒弃认为集中学习更有效的直觉。事实上，由于将学习时间集中在一起或者集中进行相同类型的练习都会使任务变得更容易，人们很容易认为集中学习比间隔学习的效果更好。我们必须摒弃这种直觉，不要将完成任务的难易度与学习混为一谈，因为学习的关键在于改变神经连接。

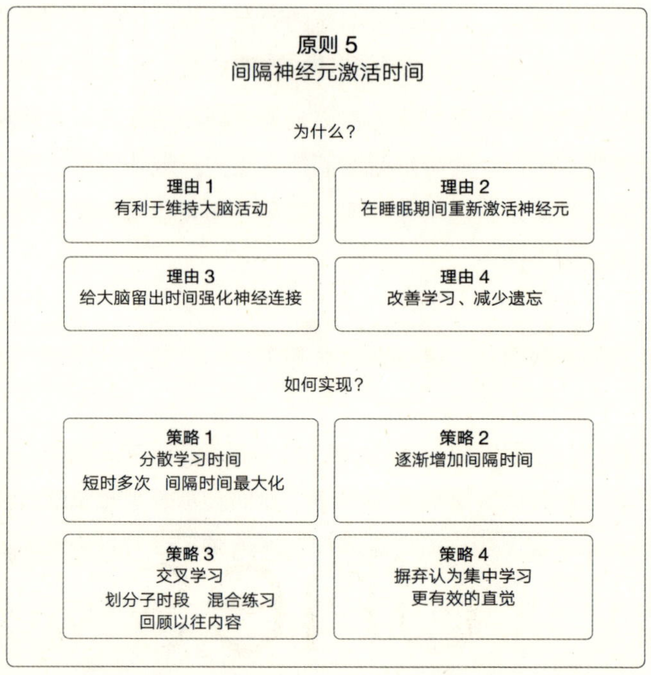

间隔神经元激活时间有助于维持大脑活动，在睡眠期间重新激活神经元，让大脑有时间加强神经连接并改善学习，此外，还可以减少遗忘。为了合理地应用间隔原则，需要分散学习时间、逐渐增加间隔时间、交叉学习、摒弃认为集中学习更有效的直觉。

Activer ses neurones

第6章

最大化反馈

用好大脑的纠错和奖励机制

要学习就必须改变大脑。教师、培训师、家长和学生可以通过利用基于大脑可塑性机制的原则和策略来实现学习所必需的神经改变。依据间隔原则反复激活与学习目标相关的神经元，特别是通过提取练习和解释说明，可以充分利用大脑的可塑性来提升学习效果。

在本章中，我们将看到从质量和数量上实现最大化的反馈的重要性。事实上，对一个行为进行信息反馈不仅能够帮助大脑改变其神经连接，而且有助于确保这些改变是合适且有用的。

为什么需要最大化反馈

至少有 4 个理由可以说明最大化反馈的重要性:（1）反馈可以刺激大脑纠错机制的激活。后者可以帮助大脑改变神经连接，纠正错误并更有效地采取行动。（2）反馈可以刺激大脑强化机制的激活，增加大脑中多巴胺的含量，这有助于加强那些有效且有用的神经连接。（3）反馈能够更全面地提高大脑的预测能力，最大限度利用能量消耗。（4）一些研究表明，除了降低重复错误的风险，在合适的时间进行反馈可以对学习产生重大影响。

激活大脑纠错机制

在学习初期，人们难免犯错。这些错误可能是因为激活了先前存在的神经网络，这些神经网络将我们的思想和行动引向了错误的方向。这些神经网络很可能就产生于错误的重复激活。因为同时被激活的神经元会连接在一起，激活一组引向错误的神经元会增加重复错误的概率。因此，向学习者指出错误，即提供负面反馈，是很重要的。特别是在学习初期，这样的做法可以避免强化错误及其相关的神经网络。

还有另外一种方式可以解释为什么会存在引向错误的神经网络。刚开始学习的时候，大脑并不是“空的”。它已经有很多的神经连接，形成了庞大的知识和技能网络。可能是为了节省能量，大脑倾向于使用自发激活的神经网络来完成任务。虽然这些神经网络也许能够帮助人成功完成某一项任务，但它们也可能导致人在另一项任务中犯错。负面反馈则可以启动大脑的纠错机制，帮助大脑摆脱这种直觉式的、自发的自动模式。这虽然会花费更多的精力，消耗更多能量，但对于控制大脑的自发激活、调整神经连接以避免错误而言，是有必要的。

多项研究表明，告诉一个人犯了错误的负面反馈可能会刺激大脑纠错机制的激活。图 6-1 显示了其中一项研究的结果[1]。接收到负面反馈后，大脑最活跃的 3 个区域是前扣带回皮层、腹外侧前额叶皮层和背外侧前额叶皮层。

前扣带回皮层是一个非常重要的、与学习和大脑功能相关的脑区。它位于边缘系统（这是一个与情绪和奖励相关的系统）和前额叶皮层之间，通常会在检测到信息冲突时被激活[2]。这种信息冲突可以是各种形式的。尤其是在熟悉的情境中出现了一个异常元素（如一个在公路上弹起的皮球），或者是两个矛盾的信息不匹配的时候（例如，我们认为重的物体比较轻的物体更容易下沉，却看到一颗小弹珠沉入水中而一艘轮船浮在水面上）。它还可能是在某个行动或回答之后得到的负面反馈所引起的。

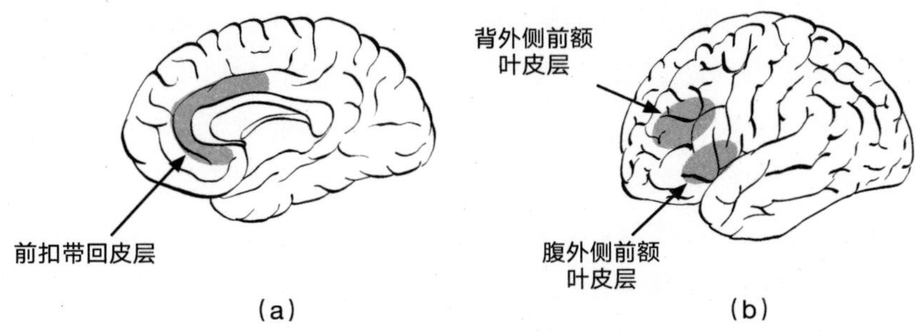

接收到负面反馈时，与纠错相关的大脑区域就会被激活。a 图显示了大脑的内侧面（从大脑两个半球中间切开时可见），灰色部分的前扣带回皮层负责触发纠错机制。b 图显示了大脑的外侧面，灰色部分的背外侧前额叶皮层和腹外侧前额叶皮层负责处理信息以分析和纠正错误[3]。

图 6-1　接收到负面反馈时最活跃的 3 个脑区

前扣带回皮层的激活，让大脑从只需要很少负荷的自动模式切换到需要更多控制和专注的模式，而后者需要耗费更多的精力和能量。例如，有经验的司机开车只需要投入很少的精力和控制。从某种程度上说，经验丰富的司机开车时处于“自动驾驶”模式。然而，当这个司机看到路上出现一个他意想不到的事物，一个与他的预期和习惯相冲突的东西时（比如一个在路上滚动的皮球），他的前扣带回皮层就会被激活，并向前额叶皮层发送信号激活后者，以便对情况进行精密的分析，并决定放慢速度，同时查看周围是否有小孩正试图到路上去捡球。因此，前扣带回皮层会激活前额叶皮层，并对情况进行进一步深入分析。

从某种程度上说，大脑遵循的是最小消耗法则[4]，也就是说，它会尽可能地避免高认知需求。但是，在必要的时候，前扣带回皮层会触发相应的程序，以获得更好的认知控制。前扣带回皮层还有另外一个重要的作用，那就是它的激活可以被看作一种负面强化，会启动纠错程序，有时甚至可以避开会引起信息冲突的任务或策略。这对学习可能是有利的，稍后我们会更详细地讨论这一点。

一旦前扣带回皮层发出警报信号，腹外侧前额叶皮层和背外侧前额叶皮层就会开始分析和纠正错误。具体而言，与工作记忆相关的背外侧前额叶皮层会将彼此冲突的元素以及各种可能的解决方案进行对比，而与大脑后部区域有着丰富连接的腹外侧前额叶皮层，可以作用于引起错误的神经网络，对其进行修改或暂时抑制其活动。

负面反馈引起的前扣带回皮层和前额叶皮层的激活当然并不一定能够纠正错误。负面反馈的信息有时可能会被认为是不恰当或错误的，大脑就可能在分析过程中停止启动纠错机制。又或者成本收益分析结果让大脑不想付出努力进行学习和纠正错误。的确，我们可能会意识到自己犯了一个错误，却又认为纠正它所需付出的努力是不值得的。还有另外一个原因让我们在得到负面反馈之后无法纠正错误，那就是与纠正错误相关的大脑区域尚不成熟。

事实上，多项研究表明，儿童的大脑对负面反馈的反应与成年人不同。具体而言，成年人的大脑比儿童的大脑对负面反馈更敏感[5]。这种差异很可能是因为前额叶皮层是达到完全成熟所需时间最长的脑区之一。虽然大脑的大部分区域在童年时期就已发育成熟，但前额叶皮层会持续发育到成年早期。此外，我们还观察到了与前额叶皮层相关的认知能力在青春期显著提高（如工作记忆和抑制）。

图 6–2 显示的数据清楚地表明了年龄与抑制相关脑区激活的关系[6]。图 6–2a 显示了面对负面反馈更活跃的大脑区域。我们注意到背外侧前额叶皮层和前扣带回皮层被激活。图 6–2b 显示了在 8 ～ 25 岁时这些区域激活情况的演变。我们观察到，随着年龄的增长，负面反馈在这两个区域引起的激

活呈现出线性增加的趋势。

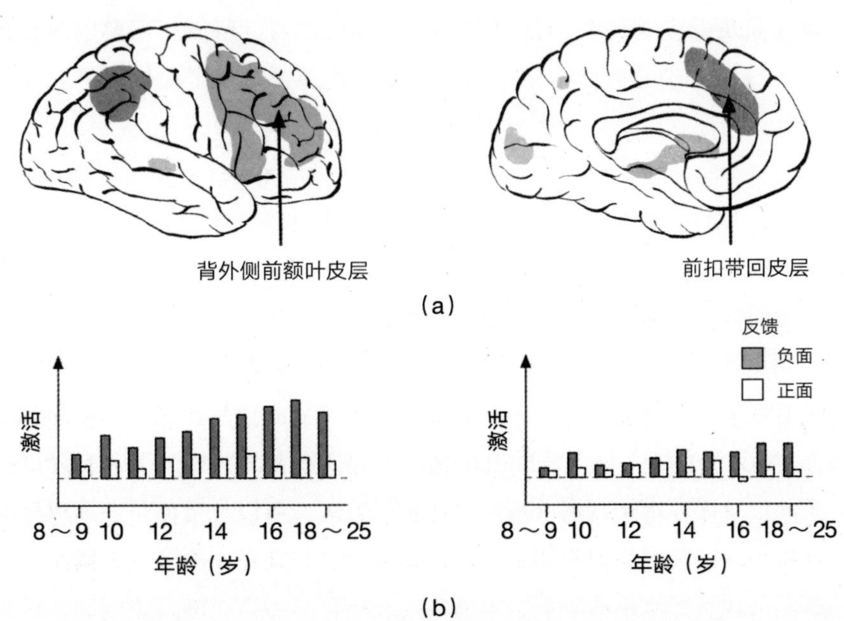

负面反馈对激活与纠错相关的大脑区域的作用受年龄影响。一般而言，我们可以观察到的由于负面反馈而引起的背外侧前额叶皮层和前扣带回皮层的激活会在 8～25 岁时增加[7]。

图 6-2　年龄与抑制相关脑区激活的关系

这些结果与以下观点是一致的，即儿童的前额叶皮层尚不成熟，因此不能像成年人那样充分利用负面反馈。负面反馈仅仅引起了前扣带回皮层被激活。要纠正错误，还需要做更多的工作，既需要激活背外侧前额叶皮层，将收到的反馈信息与我们之前的知识进行对比，还需要激活腹外侧前额叶皮层以作用于与这些知识相关的神经网络。所有这些工作的要求都很高，特别是在大脑发育尚不够成熟时，我们的工作记忆和分析信息的能力会受到限制。

虽然年幼的孩子因为大脑还不够成熟，不能像成年人那样自如地利用负面反馈，但这并不意味着完全不能告诉孩子他犯了错。事实上，纠错机制也存在于儿童的大脑中，只是它们的效率不如成年人的效率高而已。换句话说，仅仅是负面反馈往往不足以帮助孩子实现学习。所以，不要以为仅仅告诉孩子他犯了错就可以让错误自动消失，还需要给孩子提供额外的支持才行。

此外，我们也不应该从这些研究中就此得出结论，认为成年人纠错总是很容易，因为他们大脑的纠错机制已经成熟。很明显，至少对于复杂和反直觉的学习而言，负面反馈往往不足以让成年人纠正错误。不过，在其他条件相同的情况下，成年人应当比儿童更容易从负面反馈中实现学习。研究表明，至少在某些情况下，成年人从负面反馈中学到的比从正面反馈中学到的更多[8]。更重要的是，与正面反馈相比，负面反馈在某些情况下甚至可以让成年人的信息保存水平提高 494%（原文如此）[9]。可以肯定的是，在成年人中观察到的这种负面反馈相比正面反馈的优势，在儿童中不会这么高。

增加大脑中多巴胺的含量

负面反馈可以激活纠错机制，在学习中发挥着重要作用。正面反馈（一种确认行动成功或有益的信息反馈）发挥的作用有所不同，但它在学习中也同样重要，它激活大脑的强化机制和奖励机制，鼓励将来重复相同的动作或作出相同的反应。

图 6–3 显示了被称为纹状体的大脑内部结构。一般而言，大脑的内部结构都与情绪有关。纹状体与大脑的奖励机制和强化机制有关，由尾状核和壳核组成。图 6–3 中的条形图显示，这两个区域更多地被正面反馈而不是负面反馈所激活[10]。换句话说，接受正面反馈会激活大脑内部的积极强化，从而使人进入某种愉悦状态，刺激重复动作并重新激活与之相关的神经网络。

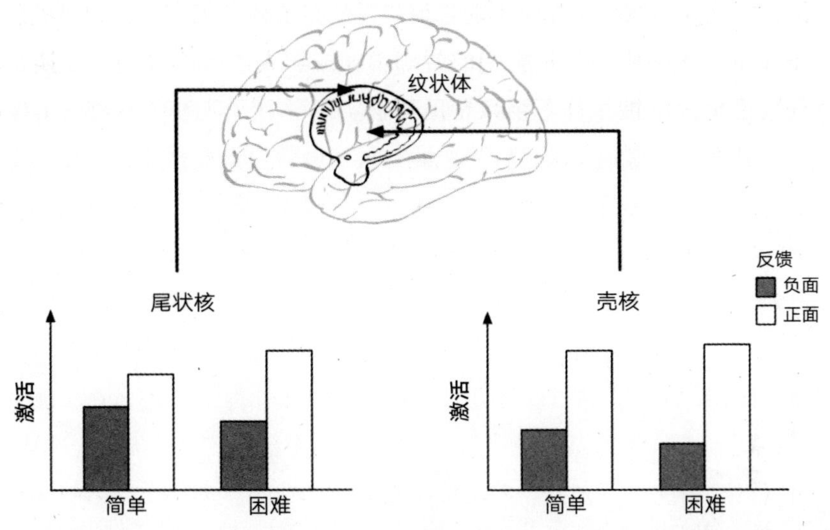

正面反馈比负面反馈更能激活纹状体的两个区域：尾状核和壳核。如果需要完成的任务被界定为“困难”，那么这两个区域的活跃度会非常高[11]。

图 6-3　将需要完成的任务界定为“简单”或“困难”所产生的影响

图 6-3 还显示了将需要完成的任务界定为“简单”或“困难”所产生的影响。在图中，我们可以看到，无论任务最初被界定为“简单”还是“困难”，相比负面反馈，尾状核和壳核在接收到正面反馈时都更容易被激活。然而，当任务被界定为“困难”时，纹状体的这两个区域的激活甚至会更多。这个结果与完成一项困难的任务比完成一项简单的任务带来的满足感更大是一致的。

纹状体在大脑的奖励机制和强化机制中起着重要作用，因为正面反馈会引起这个区域的多巴胺含量增加。多巴胺是一种化学分子，在大脑中有很多作用，其作用之一就是产生愉悦和满足感。

图 6-4 展示了一项研究的结果。在该研究中，被试通过观察 3 张不同

的卡片来学习预测天气，每张卡片都与一定的降雨概率相关。一部分被试被要求观察 3 张卡片并进行预测，然后他们会收到反馈告诉他们是否正确预测了天气。几次尝试之后，这些被试了解到其中一些卡片与更高的降雨概率有关，他们的预测也得到了改进。另一部分被试也被要求根据 3 张卡片来预测天气。但是，研究人员并不要求这一组被试直接作出预测，而是在向他们展示卡片的时候同时给出下雨或晴天的答案。因此，这组被试在学习期间没有收到反馈。

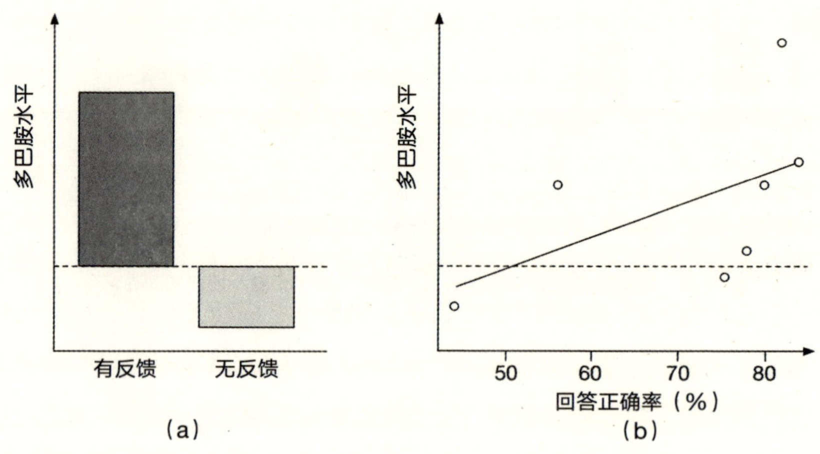

反馈，尤其是正面反馈，对大脑的奖励机制和强化机制有很大的影响。a 图显示，在任务中进行反馈可以让纹状体中多巴胺水平更高。b 图中，我们看到答案正确率越高，纹状体中的多巴胺含量就越高[12]。

图 6-4　反馈对多巴胺分泌的影响

图 6-4a 清楚地表明，在学习过程中得到反馈的一组被试的纹状体中的多巴胺水平高于无反馈组。因此，反馈可以激活相关的机制，带来更多的愉悦感和满足感，进而可能提升幸福感、提高学习动力和兴趣。可能你已经想到了，正面反馈相比于负面反馈更能增加多巴胺的含量。至少图 6-4b 所示的结果显示是如此，回答的正确率越高（也就是正面反馈越多），纹状体中

的多巴胺水平就越高。因此，为了激发学习的乐趣、提高学习的动力和兴趣，最好的办法就是让学习者获得大量的成功体验，以刺激其大脑中多巴胺的分泌。

学习的动力和兴趣往往被视为学习的先决条件。根据这种看法，一个积极性强、学习兴趣浓厚的学生是一个会学习的学生。听起来似乎很有道理，但果真如此吗？是学习动力和兴趣带来了成功，还是成功激发了学习动力和兴趣呢？这个问题可能令人感到惊讶，但如果我们考虑到前面讨论的结果，它并非是毫无根据的。成功并获得积极反馈有助于增加大脑中多巴胺的水平，并带来愉悦和满足感。这种正面的情绪是一种强大的力量，会鼓励我们将自己置于相同的环境中，采取同样的行动，从而获得相同的成功。

研究人员在数学学习中对这个问题进行了研究[13]。他们想知道，是学生对数学学习的内在动力带来了成功，还是相反，是成功激发了动力。为此，他们跟踪了小学一年级到四年级（6～9岁）的学生，观察他们的学习动力和数学成绩的演变情况。

结果如图 6-5 所示。不出所料，成功与后续成功之间（相关性为 0.76 和 0.74）以及动力与后续动力之间（相关性为 0.31 和 0.42）都存在很强的关联性——图中由水平箭头表示。要知道成功对动力的影响以及动力对成功的影响，我们需要查看斜向的箭头，从一年的成功指向下一年的动力或者从一年的动力指向下一年的成功。我们注意到，动力与后续的结果没有显著的相关性（相关性为 -0.01 和 0.02），而相反，成功与后续的动力呈现出微弱但显著的相关性（相关性为 0.09 和 0.14）。所以不是因为对数学的学习动力带来了更好的结果，而是好的结果激发了更多的动力。

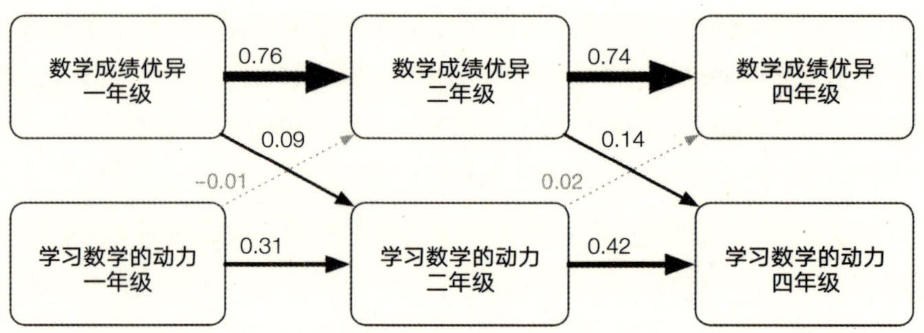

成功以及随之而来的正面反馈会增加动力。本图中，给定时间点的数学成绩优异与以后在数学上的学习动力呈相关性，而给定时间点对数学的学习动力与未来的成功没有明显的相关性。

图 6-5 学习数学的动力与数学成绩优异的演变情况

研究人员还研究了阅读学习中成功和动力之间的因果联系[14]。鉴于阅读能力与在家阅读的时间之间的相关性为 0.41，研究人员想弄清楚是长时间的阅读带来了更强的阅读能力，还是因为阅读能力强所以有更大的阅读兴趣。研究使用了一套精密的方法，通过对双胞胎的观察，同时考虑到了遗传和环境因素，他们得出的结论是，阅读能力造就了更长的阅读时间，而不是相反。换句话说，是轻松阅读书籍的能力激发了兴趣，而不是最初的对书籍的兴趣决定了阅读能力上的进步。

同样地，一项针对反馈影响内在动力的元分析表明，与正面反馈相比，负面反馈会导致内在动力的降低[15]。所有这些研究都强化了这样一种观点，即只有在某一领域取得成功并获得积极的反馈才能激发出动力。

正面反馈能够激发动力，促进多巴胺分泌，这一积极影响还带来了另外一个问题，即是否某一些类型的正面反馈对大脑的影响会更大。我们已经看到，将一项任务界定为“困难”时获得的正面反馈将更多地激活纹状体。有时，除了告诉学习者他获得了成功之外，我们还可以给他一个奖励，这也是正面反馈的一种形式。对于儿童而言，这种奖励可以是一项特权、额外的加分或者一张贴纸。对于成年人来说，它可以是升职或者加薪。一般而言，奖励越大，效果越明显，不像惩罚，无论大小，产生的效果都是类似的[16]。这表明奖励可以提高正面反馈的效果。不过，要判断使用奖励是否适当，不仅需要知道它对动力、学习和大脑的影响，还需要知道取消奖励会产生什么后果。

我们现在比较明确的是，奖励至少可以暂时对动力和学习产生积极的影响，但是当奖励停止时，这种影响就会结束。奖励的效果不能在时间上持续，这并不让人感到意外，更重要的是，停止奖励可能会降低一个人在奖励机制建立起来之前的内在动力。换句话说，如果一个孩子本来就喜欢阅读，现在他每读一本书就给予一个奖励，那么当停止奖励之后，他的阅读量会比以前少，而且他对阅读的内在动力也会较奖励开始之前更低。一项元分析表明，停止奖励对动力的影响不容忽视：基于对任务投入度的奖励，效应值为 0.40；基于任务完成度的奖励，效应值为 0.36；基于表现的奖励，效应值为 0.28。

这些结果表明，如果对需要完成的任务已经有很高的内在动力，就最好不要给予奖励。然而，有一种情形适合建立奖励机制，即在奖励停止后不再需要保持兴趣或动力的时候。学习乘法表就是一个例子，如果建立了奖励机制激励学生学习乘法表，那么一旦学生掌握了乘法表就取消奖励，学生的动力就会降低，但是无妨，因为学生已经学会了他需要学习的东西，没有必要继续保持学习乘法表的动力。

我们在前面看到，儿童接收到负面反馈后对大脑纠错机制的激活低于成年人。这是因为儿童的前额叶皮层相比成年人还不成熟。但是儿童的奖励机制呢？他们的纹状体是否也没有成年人成熟、对正面反馈不那么敏感呢？

幸运的是，情况并非如此。研究人员使用脑电图仪，观察到儿童和成年人的大脑对正面反馈的反应是相似的[17]。因此，与在青春期才得到有效完善的纠错机制不同，奖励机制从童年时就已经开始全面运转。

然而，研究表明，与儿童和成年人相比，在接收到正面反馈和强化之后，青少年的腹侧纹状体（纹状体的下部），尤其是伏隔核，会更加活跃[18]。从图 6-6a 我们观察到，面对丰厚的奖励时，青少年的腹侧纹状体明显被激活得更多；从图 6-6b 我们还注意到，16 岁时胜负对大脑的激活达到峰值。因此，反馈和奖励在青春期可能起着特别重要的作用，这个时期是通过反馈学习的敏感时期。

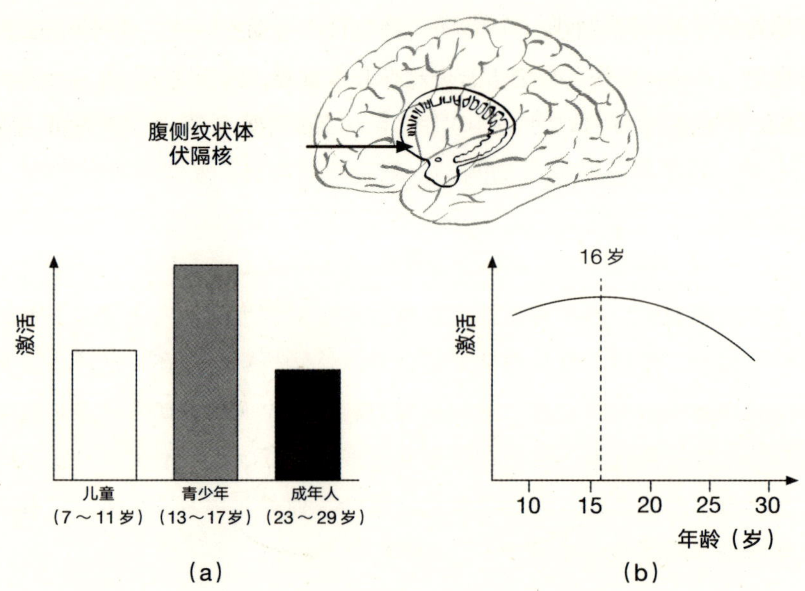

与儿童和成年人相比，青少年的大脑对正面反馈和强化的反应更强烈。a 图显示，腹侧纹状体（更具体地说是伏隔核）在青春期对奖励的反应更强烈。b 图表明，该区域在青春期对胜利的反应也比对失败的反应更强烈，并在 16 岁左右达到峰值[19]。

图 6-6 3 个不同年龄段的大脑激活程度对比

提高大脑的预测能力，最大限度利用能量消耗

反馈是重要的学习工具。通过激活纠错和奖励机制，负面反馈和正面反馈可以帮助大脑逐渐调整其神经连接以更好地适应环境。如果没有反馈机制（无论是来自他人还是来自我们自己的观察）进行信息反馈，大脑将是一个封闭系统，难以发展。

要充分理解反馈对大脑功能和调节的重要作用，需要先了解大脑与其周围环境的关系（见图 6–7）。通过感知，大脑可以接收周围环境的信息。感官捕获的信息通过神经发送到大脑的感觉区域，如视觉皮层、听觉皮层和躯体感觉皮层。随后大脑可以利用这些信息的反馈来调整其神经连接。大脑不仅仅是简单地从外部环境接收信息，还可以通过位于运动皮层的一系列神经元向肌肉发送信号，从而作用于环境。这个动作非常重要，因为它不仅关乎生存问题（例如获取食物），还可以为大脑提供环境中的新数据，从而扩大感知的效用。

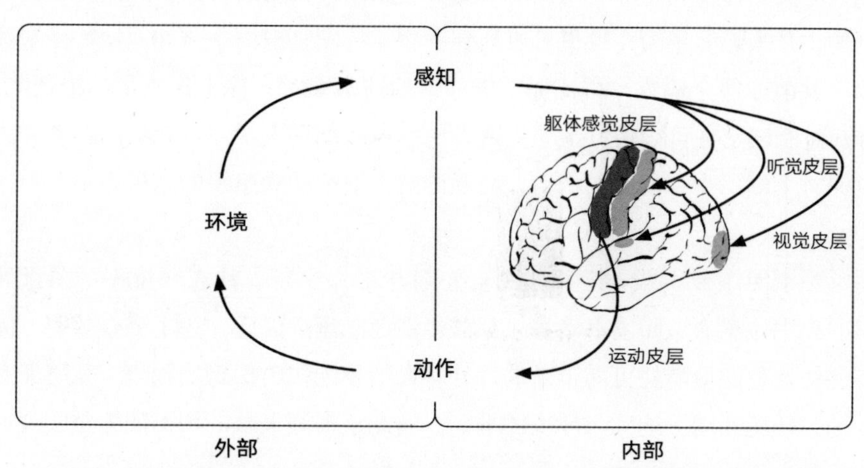

大脑与环境时刻保持互动。通过感知，大脑可以收集有关环境的信息，通过行动，它可以主动作用于环境，从而影响其感知的内容。

图 6–7　大脑与其周围环境的关系

为了解释大脑的运行机制以及它如何通过与环境的互动来学习，研究人员提出了多种理论。其中最有趣的一个理论是自由能最小化理论[20]，因为它是融合了神经科学不同研究领域分支中提出的多个理论而形成的一个大一统的理论[21]。自由能是一个比较难理解的概念。这个概念最初源自热力学，用以解释和预测系统的演化，因为系统会随着自身演化自然而然达到自由能最低的水平。基于这个概念，我们可以预测两种产物的混合是否会发生化学反应（如果反应降低了系统的自由能，就会发生化学反应），以及在反应完成并达到平衡状态后每种产物的相对比例是多少。根据自由能原则的神经科学表述，大脑激活并改变其神经连接，以最大限度地减少其自由能，从而实现与环境的平衡状态。要理解这种大脑自由能最小化理论，最好的方法是理解它的两个主要因素，即预测和意外的概念。

根据自由能最小化理论，大脑通过与环境的相互作用，逐渐构建出一种编码在神经元连接中的世界表征。这种表征使得预测成为可能。要更加有效地在环境中行动和生存，预测尤其重要。例如，在史前时代，人们为了获取食物，必须能够预测在哪里可以找到食物（特别是根据季节和地域特征来预测）并前往那个地方。再比如，当你拿到这本书时，你也作出了一个预测，即通过阅读它你可以更好地学习或者更好地帮助别人学习。我们的行动和决定无时无刻不受到预测的指引，而预测是大脑活动和组织的结果。

预测对于成本收益分析也是必不可少的。出行、注意环境中的某个元素、集中注意力、阅读书籍等，都需要消耗能量。因此，为了提高效率，需要评估这种能量消耗可能带来的好处。大脑越能作出正确的预测，就越能有效地与环境互动、达到与环境的平衡。因此，提高大脑的预测能力是实现自由能最小化的一种方法。

从这个角度来看，反馈，即行动后获得来自环境的信息反馈，起着主要作用。它向大脑发送感觉信号，告诉大脑它的预测是否正确。简而言之，大脑会作出一个预测，从而影响行动，而该行动又会反过来影响大脑随后所感知的内容。这种感知信息可能会巩固大脑的某些预测，或者相反，让大脑修改它的预测，从而最大限度地减少自由能并改善大脑与环境之间的平衡。

另一种理解自由能最小化原理的方法需要用到意外的概念。当预测和观察结果之间存在差距时，意外随之产生。例如，一个史前时代的人预测山后的河流附近会有食物，当他发现没有时，那他就会感到意外。为了让自由能最小化，大脑就会改变作出这种错误预测的神经网络，并在必要时通过指导行动收集更多信息，改进预测，从而让这种意外再次发生的可能性最小化。

在这种情况下，反馈，尤其是负面反馈，至关重要。负面反馈会产生一个意外的信号，让大脑对情况进行更加深入的分析，并最终修改产生错误预测的神经网络。正如我们前面所说，大脑在一定程度上遵循最小负荷法则。意外信号意味着需要付出更多努力。这种即时性的努力，目标在于提高大脑预测的整体质量和范围，以此提高效率和最大限度地减少之后发生意外的风险，从而节省能量。

图 6-8 是对截至目前关于负面反馈、正面反馈、大脑预测能力和意外的相关内容的总结模型。在这个模型中，神经元相互连接并形成神经网络。这些网络可以生成预测。当观察到的结果与预测一致时，就会产生一个正面反馈，正面反馈激活纹状体并增加多巴胺的含量，从而在大脑中产生积极强化。这种强化将会巩固大脑中已有的、作出这个正确预测的神经连接。

如果观察到的结果与预测不符，就会构成一个负面反馈和意外，引发前扣带回皮层的激活。这种激活作为一种消极强化，提醒大脑在相同情境中避免再次使用相同的预测，最终修改神经连接以提高大脑的预测能力并减少出现意外的概率。

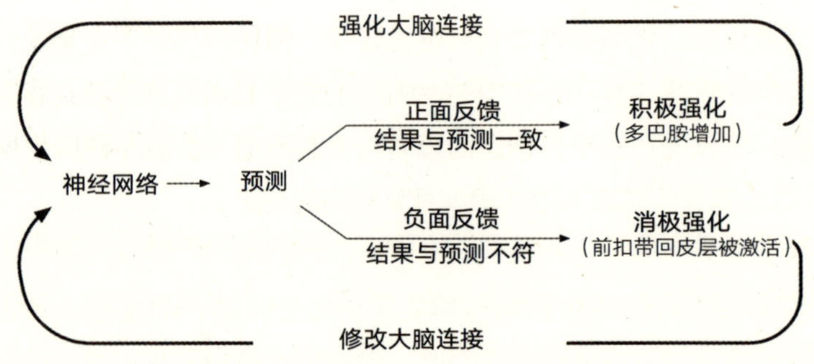

在这个模型中，神经网络可以进行预测，如果预测正确，会引起多巴胺的增加和神经连接的巩固。如果预测不正确，前扣带回皮层会被激活，这种激活会起到消极强化的作用，最终修改产生该预测的神经网络。

图 6-8　反馈对大脑发育的重要作用

最后，讲一下这个模型的一个重要结果。作为教师、家长、培训师或学生，我们都曾经看到过某些学习者经历失败之后却好像很开心。常常会看到有学生笑着向同学炫耀自己考试不及格，让人很难理解为什么一个人会因为失败而感到自豪。虽然这种行为的背后可能有多种原因，但一个可能的解释是，如果最初的预测就是失败，那么考试不及格就是一个正面反馈。事实上，如果学生已经预料到他会失败，那么他失败的事实就正好证实了他最初预测的正确性。既然预测是正确的，大脑就有可能分泌多巴胺并鼓励其再次作出同样的预测。**如此就形成了一个恶性循环：预测是失败，事实上也失败了，由此增加了再次预测失败和再次出现失败的可能性。**我们将在下一章中讨论一个可以帮助学习者打破这种循环的原则。

改善学习，减少重复错误的概率

人们在很久以前就已经认识到反馈和强化对学习的重要性。正如我们说过的，早在 1911 年，心理学家爱德华·桑代克就提出了效果律这一概念。根据该定律，能够带来满足感的行为或反应，更有可能重复出现；相反，引起不适的行为或反应，重复出现的概率则比较低。用更现代的语言来说，一次成功的预测会带来满足感（由多巴胺的增加引起），这将鼓励大脑在相同的情境下作出相同的预测；相反，错误的预测会引起不适（由前扣带回皮层的激活引起），这会阻止大脑在相同情境下重复相同的预测。

针对反馈对学习的积极影响的相关研究数量之多，不胜枚举，以至于不仅有关于这个主题的元分析，还有针对这类元分析的元分析。一个针对 12 项元分析结果进行的元分析显示，反馈的效应值为 0.79，这使得反馈成为对学习影响最大的因素之一[22]。在不同的元分析中，反馈的效应值在 0.12 ～ 1.24 不等，这表明反馈的性质以及给出这种反馈的环境的影响可能很大。总体而言，该分析的结果表明，围绕具体任务的反馈比与任务没有直接联系的反馈更有效（如奖励和惩罚），而且反馈的时机（即时反馈或延时反馈）也可能有所影响。

一项元分析[23]就影响反馈有效性的不同因素进行了深入研究（见表 6-1）。反馈的类型和反馈的时机对于反馈的效应值有显著的影响。一般来说，提供解释的反馈比告知答案是否正确或简单地提供正确答案的反馈方式更有效。此外，在给出答案之后立即进行反馈通常比晚些时候提供反馈更有效。

表 6-1　影响反馈有效性的不同因素的效应值

影响因素	效应值
反馈类型	
解释性反馈（提供解释）	0.49
校正性反馈（告知答案正确与否）	0.32
告知正确答案的反馈（提供正确答案）	0.05
反馈时机	
即时反馈	0.46
延时反馈	0.22

第一个重要因素是反馈的类型。**简单地向学习者提供正确答案的反馈效果甚微。**其效应值仅为 0.05。换句话说，是否提供这种反馈对学习几乎没有影响。**更有效的反馈类型是告知学习者其给出的答案是否正确（效应值 0.32）。这种反馈类型之所以更有效，可能是因为它直接关系到学习者关于答案的预测。**这种反馈可以直接评估结果是否符合预测。如果反馈是负面的，就进一步激活大脑纠错机制；如果反馈是正面的，则激活奖励机制。**另一种更有效的反馈类型是解释性反馈（效应值 0.49），它不仅要说明答案正确与否，还要解释答案正确或错误的原因。**这种反馈方式之所以具有更高的有效性很可能是因为解释说明原则（详见第 4 章）。

第二个重要因素是反馈的时机。**在给出答案后立即进行反馈往往比稍晚提供的延迟反馈更有效**（效应值 0.46 对 0.22）。至少有两个原因可以解释这一结论。首先，紧跟着回答提出反馈可能更容易触发与反馈相关的大脑机制，即负面反馈触发纠错机制，正面反馈触发强化和奖励机制。其次，即时反馈可以避免一个学习的重大障碍，即强化与错误相关的神经网络。正如我们所说，同时被激活的神经元会连接在一起。因此，与错误相关的神经元激活得越多，它们之间的连接就越牢固，再次激活它们的可能性就越大。因此，即时反馈可以防止这个问题。

在这方面，一项研究表明，尽管提取练习对学习的积极影响众所周知（详见第 3 章），但在没有反馈的情况下，它也可能对学习产生负面影响[24]。虽然提取练习能够改善学习，但它也增加了在练习中所犯错误出现在最终测试的可能性。不过，即时提供纠正反馈，就能消除这种可能性。总的来说，这项研究的结果表明，如果提取练习的内容难度较高，经常容易犯错，即时反馈就变得尤为重要。

虽然即时反馈一般比延时反馈效果更好，尤其在大概率会出现错误的时候更是如此，但在某些情况下，延时反馈可能更可取。例如，在做不太会犯错的任务时，最好不要在每次回答后便立即进行反馈，这样干打扰学习者。**在需要高度集中注意力的复杂任务中，延时反馈也可能更有效**，因为即时反馈可能会干扰学习者并增加学习者的负担，降低他们理解任务的能力。

如何运用反馈原则

在阐述完支持反馈原则的理由之后，这里有 4 个策略能够最大限度运用这一原则：（1）寻求尽可能多的反馈；（2）实现正面反馈和负面反馈之间的平衡；（3）优先选择即时反馈；（4）优先选择解释性的、任务导向性的反馈。

寻求尽可能多的反馈

反馈是大脑功能的重要组成部分。如果没有反馈，大脑将不能接收外部信号，没有外部信号就不能调整大脑连接，导致无法实现学习和提高预测质量。

提高大脑的预测能力很重要。预测越准确和精确，就越能帮助大脑有效地采取行动和正确决策。尤其需要指出的是，大脑生成的预测对于评估一项行动或决策的成本收益比至关重要。例如，当你决定购买一本书并阅读时，你会有意无意地评估成本（包括花费的金钱，阅读所需的时间和精力），以及可能的收益（掌握有助于学习的原则和策略）。然后你会作出判断：这个成本收益比值得一试。

估算成本收益比，必须有一个能够进行预测的机制才能实现，而估算成本收益比能够让我们调动的努力和资源获得最大的效果。收到的反馈越多，大脑的预测机制得到改进的机会就越多，由此产生的决策和行动就越有效。

鉴于反馈对大脑功能和学习的重要性，运用反馈原则的第一个策略是，寻求尽可能多的反馈。因此，反馈不能随性而为，要有计划地设计多个反馈时间，以确保最大限度地获得反馈。

通常，要想获得足够多的反馈，首先需要规划足够多的活动，学习者需要在这些学习活动中产出一些东西——一个答案、一个解释或一个解决问题的方法等。因为如果安排的活动不需要学习者有所产出，就不能提供反馈。因此，教师和培训师应该多安排练习和测试，并经常向学习者提问，最大限度地制造反馈机会。

这种规划是非常重要的，特别是对于与大型团体一起工作的教师和培训师来说尤其如此，因为向每个学习者提供频繁的反馈是一个相当大的挑战。向几名学习者进行口头或书面反馈相对比较容易，但是当一名教师或培训师需要负责数十人甚至数百人的学习时，比如在中学和大学校园中，如果教师或者培训师不使用一些技巧，通过最少的干预提供最大程度的反馈，那么向每位学习者都提供个性化的、详细而频繁的反馈是不现实的。

第一个技巧虽不完美，但经常被教师和培训师们使用，那就是提供一个对每个人都适用的整体反馈。例如，向一个团体提问，有一个人举手回答，那么我们可以就这个人的答案向所有人提供一个反馈。显然，这种方法的局限性在于不能为每个人可能的回答提供个性化的反馈，但不完美的反馈总好过没有反馈。为了改进这种反馈方式，教师或者培训师可以在提出问题后给每个人留出思考的时间，以一个人的回答为例，针对他的答案进行反馈，然后针对其他常见的答案进行反馈。除了经常进行小组提问，教师或培训师还可以时常安排一些练习和测试，并在大组范围内作出纠正。再次强调，这种反馈并不是个性化的，但也比完全没有反馈或过于肤浅的反馈要好。

第二个技巧可以更频繁地向一大群人提供个性化的反馈，即向学习者提供资源，让他们自行获取反馈。这个资源可以是一个文档，文档中给出了批改练习的关键点。学习者可以在完成练习后参考这个文档，快速获得对练习的反馈。这样一来，教师或者培训师就可以优先为无法理解这个文档的学习者提供帮助。另一种获取反馈的资源还可以是预先录制的一系列短片，教师或培训师在短片中为各种可能的回答提供详细的反馈。然后，学习者可以选看与他给出的答案相对应的短片。

第三个技巧是利用科技手段提供自动反馈，它可以让一个庞大的群体获得尽可能多的反馈。有一些工具可以创建在线问卷，这些问卷可以自动向学习者提供反馈。我们可以使用平板电脑或计算机等联网设备，利用这些技术给学生布置家庭作业或者在课堂上使用。

辅导孩子学习的家长相比面对大型团体的教师更能提供频繁而个性化的反馈。在可能且合适的情况下，教师应当尝试让家长参与到反馈中，比如要求他们给孩子的作业或练习提供反馈。

对于想要自学的学习者，不断地从同伴或资源中寻求正面或负面的反馈也同样重要。这种反馈对于成长和提高效率至关重要。例如，如果我们的目标是学习一门新语言，那么我们必须想办法获得关于我们使用该语言的方式的反馈，比如参加语言课程或者与已经熟练掌握这门语言的人交流。如果目标是学习辨认鸟类，那么仅仅是阅读书籍和了解每种鸟类的具体特征是不够的，我们可能还需要通过加入观鸟俱乐部来获得关于我们所做辨认的反馈。**这种反馈对避免重复错误尤其重要，而且也能让我们的学习更有效。**

企业还应该不断获取客户的反馈，并接受他们的批评作为改进产品、改善流程或服务的关键信息。对问卷调查或评估表的系统使用应当成为大多数公司实践中不可或缺的一部分。在能力允许的范围内，每个公司都应该开发一个系统，根据频率和重要性，对客户的批评或建议进行分级。

最后一个令人吃惊的技巧可以轻松提高反馈的效率，那就是对反馈进行预告。事实上，如图 6-9 展示的一项研究结果表明，在没有提供任何反馈之前，仅仅是宣布会进行反馈这个事实，学习者所使用学习策略的质量就提高了 9%（80% 比 71%），任务表现提高了 14%（51% 比 37%）[25]。

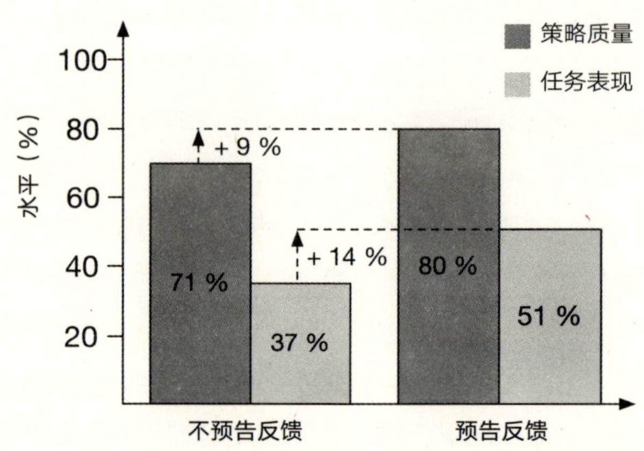

即使在给出反馈之前，宣布将提供反馈也会影响学习者所用学习策略的质量和任务的表现。本图中，由于预告反馈的影响，学习策略的质量提高了 9%，表现提高了 14%[26]。

图 6-9 预告反馈对策略质量和任务表现的影响

这个结果确实令人吃惊，其原因可能是，被试知道他们会收到反馈，就会倾向于使用最佳策略以更好地学习，从而避免获得负面反馈的风险。也可能是因为，对反馈的预告让被试对可能出现的负面反馈有了更多的预期，这样一来，他们在外部反馈到来之前就先进行了某种形式的自我反馈。

实现正面反馈和负面反馈之间的平衡

除了提高大脑的预测能力和进行成本收益分析之外，反馈还可以将两个强大的大脑机制用于学习。负面反馈激活的纠错机制和正面反馈激活的奖励和强化机制。

正面反馈对于加强能够产生正确及精确预测的现有神经网络非常重要。事实上，通过激活纹状体和增加大脑中的多巴胺含量，正面反馈会带来满足感和幸福感，这对激发学习动力、学习兴趣和学习乐趣起着重要作用。至于负面反馈，则会激活前扣带回皮层，触发大脑活动，引起对错误的关注并努力解决预测与观察结果之间的冲突。这种纠错机制可以让大脑调整其现有的神经连接，让它们之后能够更好地作出准确且正确的预测。

正负两种反馈类型，分别具有明显的优势，且相互补充。因此，我们要优化学习时段，以利用这些优势并努力在正面反馈和负面反馈之间取得平衡。这种平衡能够最大限度地利用每种反馈的优势，同时最大限度地弱化它们各自的缺点。

正面反馈可以强化现有的连接并产生愉悦感、动力和兴趣，但它不能改变大脑连接从而对其进行优化。同样地，负面反馈可以触发纠错机制并改善大脑连接，但它也会降低学习的动力和兴趣，甚至会使一些学习者彻底气馁。一项元分析表明，与正面反馈相比，负面反馈可以显著降低内在动力[27]。

要在正面反馈和负面反馈之间取得平衡并最大限度利用两者的优势，需要设定较高但切合实际的期望。

一方面，学习活动必须足够容易让学习者可以体验到成功。学习者必须能够正确回答大部分的问题，以刺激他的奖励机制并增加纹状体中多巴胺的分泌。如果学习活动相关的任何任务都不能完成，学习者将很快变得气馁并失去动力，因为他们的自然奖励机制将无法启动。理想的情况下，为了最大限度地发挥正面反馈对大脑和动力的积极影响，学习者需要能够成功完成预定练习中的大部分任务，同时由于成功完成一项困难的任务比完成一项简单的任务能更多地促进多巴胺分泌（见图 6-3），这些练习需要具有一定难度。

另一方面，要触发纠错机制，学习活动也必须有一定难度，让学习者犯错，从而接收负面反馈。负面反馈可以鼓励学习者改变神经连接和与之相关的预测，从而实现学习和提高。如果学习活动都能成功完成，仍然可以对学习产生有益的影响，即加强现有的大脑连接，提高大脑自动处理的能力并减少完成任务所需的认知负荷，但是如此一来就无法使用纠错机制。所以需要有一个平衡，学习活动既不能太容易也不能太难，既不能都是成功也不能都是失败，我们需要设定够高且现实可行的期望。

在提供反馈时，也需要确保负面反馈和正面反馈之间有一定的平衡。有时候为了节省时间并提高反馈的效果，我们可能只给学习者提供负面反馈，例如，只是指出一篇作文的不足而不提及它的亮点。然而，在任何情况下，我们都应该在两种类型的反馈之间取得平衡。

此外，正负反馈之间的这种平衡必须考虑到学习者的年龄，因为儿童、青少年和成年人的大脑对反馈的回应方式是不相同的。

由于前额叶皮层更加成熟，成年人比儿童更能在接收到负面反馈后激活大脑的纠错机制。因此，对于成年人来说，在正负平衡中可能需要更多地倾向于负面反馈，同时不能完全忽视正面反馈，因为后者也很重要。为了尽量减少频繁的负面反馈对学习动力的负面影响，我们应该尝试让学习者养成这样一种认知，即将犯错以及随之而来的负面反馈视为一种学习工具，而不是对学习者能力和价值的质疑（详见第 7 章）。

相应地，由于儿童的前额叶皮层不如成年人成熟，因此儿童在接收到负面反馈后前额叶皮层的激活较少。相反，奖励机制和强化机制从童年开始就已经全面运行。因此，对于儿童来说，我们可以更倾向于对他们进行正面反馈，同时不能忽略负面反馈，因为负面反馈对学习仍然具有重要作用。因此，我们可以更多地强调孩子取得的成功和表现出的良好行为，而不是盯着他们的错误和不良行为不放。例如，我们可以表扬举手发言的学生，而不是经常惩罚或斥责不举手的学生。

这是一个普遍的规则，不仅教师应当遵循，父母在教育自己的孩子时也应当遵循这个规则：对良好的行为提出表扬，而不要过多地关注不良行为。然而，父母常常有意无意地反其道而行之。当孩子行为不当时，父母就会看着他（她），并表示他（她）的行为是不可接受的，以此表达对他（她）的不满。他们会批评孩子，甚至有时还会惩罚他（她）。相比由此形成一种负面反馈，让孩子进行反思并改变行为，这种对行为不当的孩子的关注有时候反而会形成一种正面强化。事实上，虽然这听起来有悖常理，但给予孩子的关注——即使这种关注是为了进行负面反馈，也可能产生积极强化的效果：因为孩子在受到斥责的同时得到了父母的关注，这种关注就是一种形式的正面强化。当父母对孩子的批评引发双方的交流时，这种正面强化的效果会更加强烈。父母批评孩子，孩子回嘴进行自我辩护，这会刺激父母提高嗓门，然后引起孩子更加激烈地回击。为了打破这种强化的循环，最好不要过多地关注孩子的不良行为（当然，严重的错误行为除外），可以换个房间或者在必要的时候要求孩子离开房间，以此中止与孩子的一切语言和非语言的交流。良好的行为可以通过表扬和关注来进行强化，特别是当孩子之前在类似情况下有过不当行为的，尤其应当如此。

由于青少年的大脑对正面反馈和负面反馈都有反应，因此青春期需要在这两种反馈之间找到真正的平衡。前额叶皮层在这段时间发育显著。因此，在 13 ～ 18 岁时，负面反馈对大脑和学习的影响逐步增大。另外，正面反馈在青春期的影响也非常大，因为多项研究表明，这个时期大脑对正面反馈和强化的反应更为强烈（见图 6–6）。

因此，青少年的大脑能很好地对反馈作出反应。所以我们需要创造一个能够尽可能多地提供反馈的环境，以充分利用这种特殊的敏感性，同时最大限度地减少同龄人和其他反馈来源（如社交媒体）可能产生的负面影响。

图 6-10 总结了我们讨论过的关于负面反馈和正面反馈对大脑产生影响的因素。童年时期，大脑对正面反馈更加敏感。到了青春期，大脑对正面反馈的敏感度达到峰值，对负面反馈的敏感度发展迅速，因此青少年的大脑对负面反馈和正面反馈同样敏感。成年以后，大脑对正面反馈的敏感度恢复到童年时期观察到的水平，对负面反馈的敏感度则逐渐稳定。因此，成年后负面反馈的影响比正面反馈的影响更大。

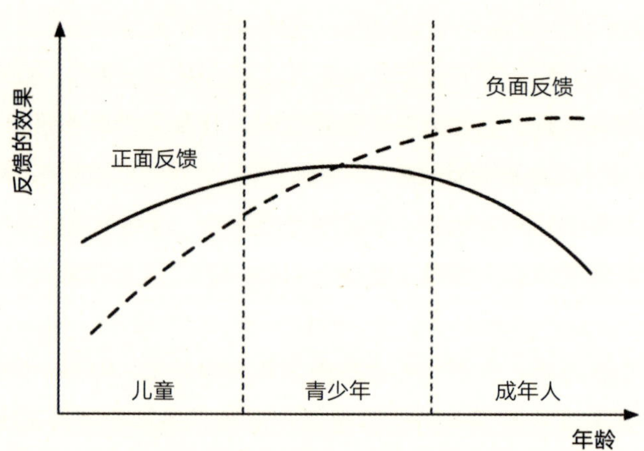

正面反馈和负面反馈的效果随年龄而变化。在童年时期，正面反馈对大脑的影响大于负面反馈，而在成年期则相反。在青春期，这两种反馈的效果相当。

图 6-10　反馈的效果与年龄变化之间的关系

优先选择即时反馈

第三种可以将反馈的积极效果最大化的策略是，优先选择即时反馈。事实上，正如我们前面所看到的，在回答或行动后立即进行反馈，通常比晚些时候进行反馈更有效（见表 6–1），这很可能是因为即时反馈减少了重复错误的机会，同时确保反馈与当时的行动或回答之间有明确而直接的对应关系。

然而，即时反馈策略与间隔原则的应用是相矛盾的，后者提倡将激活时间间隔开来。确实，相比延时反馈，提供即时反馈会把与学习相关的激活集中在一起，而不是间隔开。为了解决这个矛盾，我们应该在错误率较高的情境中优先选择即时反馈（如在学习过程开始时），而在错误率较低的情境中使用延时反馈。这种方法的另一个优点是，避免经常分散学习者的注意力，让学习者可以持续进行练习，使其已经部分完成的学习自动化[28]。

与前述策略一样，即时反馈策略对于与大型团体一起工作的教师和培训师来说可能很难实现。当面对单个学习者时，比如父母或者监护人，在学习者使用策略不当或者运用错误的知识时，对其学习进行监督并即时干预是相对容易的。然而，这种面向个人的监督和即时的、个性化的干预，在学习者人数超过三四人时就很难实现了。

一个可以快速向一大群学习者提供反馈的技巧是，利用一个案例面向整个群体进行即时反馈。例如，教师可以向全体学生展示如何解决一个问题。他（她）可以逐步解释如何理解问题、确定解决问题所需的知识、提出解题步骤并最终找到解决方案。每一步，教师就自己运用到的知识、策略和方法的相关性和准确性提供即时反馈。然后，教师可以请一名学生在同学面前解决一个类似的问题，并对他的解题过程提供即时反馈。

其他向一大群人提供即时反馈的技巧大多都需要暂停练习或中止任务。例如，当一个练习涉及 10 个题目时，即时反馈就需要在第一个题目完成后立即进行。

教师可以要求学生先做练习的第一项，等收到反馈后再做下一项。如果题目不是太长，老师可以等所有学生都完成第一项之后，同时向大家说明解决方案。如果题目较长，并且有一些学生可能会比其他人提前完成，那么最好让学生在完成题目时报告，然后，在可能的情况下，教师可以依次向每个学生提供反馈。他还可以在学生的作业上签字，表明他已经检查了学生的习题，学生可以继续进行第二个题目的作答。但是，如果反馈所需的时间过长，学生不得不等很长时间才能轮到老师来讲解，这会让学生变得不耐烦。此时我们就需要替代方案。

解决这个问题的方法之一是为学生提供参考答案，即一份包含所有练习答案的文档。如此，在完成第一个题目后，学生就可以立即检查自己是否按预期的方式解题，如果出现了错误或不理解的情况，可以在必要时向老师寻求帮助。但是需要让学生明白，他们必须先完成练习题目，然后才能参照标准答案检查他们的回答和步骤。

另一种可以实现即时反馈的技巧是，使用技术工具自动向学习者提供即时反馈。例如，有很多学习乘法表的应用程序。大多数情况下，这些应用程序会提出一个问题，由学习者进行回答，然后应用程序会给出答案是否正确的校正性反馈，通常带有解释。还有一些平台，教师可以在上面创建能够自动提供即时反馈的电子问卷。

对于想要自学的人来说，即时反馈同样重要，尤其是在学习的早期，即时反馈可以避免重复错误。因此，需要在每一次练习后停下来花点时间去核对结果确保正确，然后再继续学习。

优先选择解释性的、以任务为导向的反馈

为了实现反馈的最大化，我们不仅需要寻求尽可能多的反馈，在正面反

馈和负面反馈之间取得平衡，同时优先选择即时反馈，还要选择解释性的、以任务为导向的反馈。与指出答案是否正确的校正性反馈（效应值 0.32）和同时说明一个答案正确或错误的原因的解释性反馈（效应值 0.49）相比，仅显示正确答案的反馈效率很低（效应值 0.05）。

提供解释性的、以任务为导向的反馈需要注意的是：第一，避免仅仅针对学习者的个人特点进行反馈。事实上，告诉一个人他是否擅长某事并不是一种特别有效的反馈类型，因为它并不是针对需要完成的任务和完成任务所需要的策略。下一章我们会看到，这种针对人而非任务导向的反馈在某些情况下会对动力和学习产生负面影响。

第二，谨慎使用奖励和惩罚。事实上，成功后奖励一枚贴纸、失败后收回一项特权的做法，并不是一种以任务为导向的反馈类型。正如我们已经讲过的，奖励有时可以暂时提高动力、鼓励学习，但在撤回时也会降低学习者的内在动力。

提供解释性的、以任务为导向的反馈的具体方法是：首先，在反馈和回答之间建立明确的联系，因此需要避免只给出正确答案作为反馈。事实上，不能在正确答案和学习者提供的答案之间建立明确的联系，而只是给出正确答案的话，对学习的影响很小。相反，针对学习者提供的答案进行反馈，对学习的积极影响则会大得多。

其次，解释性的反馈不应仅仅关注答案，还应关注产生这个答案的过程以及在任务执行期间使用的调整策略。此外，针对答案、解题过程和调整策略的综合反馈，对学习的益处是最大的（效应值 1.29）[29]。因此，为了更好地学习，需要说明答案是否正确，评价得出该答案的过程，并审查解题过程中使用的调整策略，确保每一步的方向都是正确的。调整策略包括在解决问题或完成任务的每个阶段都检查得到的结果是否有意义，通篇重读以确认提供的答案是否清晰完整，在不确定某个词的含义时翻阅字典查询其定义等。

最后，不仅需要对答案、解题过程和调整策略进行反馈，而且还需要解释为什么这个答案、解题过程或策略比另外一个更重要、更可取。如前所述，解释性反馈的有效性大概率与解释说明原则相关。

Activer ses neurones

知识点巩固

以下是最大化反馈原则的要点。第一，负面反馈告知大脑发生了错误，进而触发大脑的纠错机制并对情况进行更深入的分析。第二，正面反馈可以引起纹状体的激活和大脑多巴胺水平的增加，带来满足感，从而强化有效的神经网络。第三，负面反馈和正面反馈共同作用，可以强化那些能够作出最佳预测的神经连接并修改引起错误预测的神经连接。这有助于逐渐提高大脑的预测能力。更好的预测能力，让我们对成本收益比的计算更准确，从而更有效地作出决策和行动，进而能够更有策略地利用能量消耗。第四，最大化反馈能够提高学习效果并降低重复错误的风险。

可以考虑按照以下 4 种策略来运用反馈原则。

策略 1，通过严格规划多个反馈时间，寻求尽可能多的反馈。提前通知会有反馈也可以起到预测反馈的作用，从而鼓励某种形式的自我反馈。

策略 2，在正面反馈和负面反馈之间取得平衡，从而利用每种反馈类型的积极效果。要实现这一点，有种方法是选择会带来成功（因此产生正面反馈）但也会导致一些错误（因此引起负面反馈）的学习活动。换句话说，选择具有现实可行的目标，但存在一定挑战的活动。而且，当挑战足够大、目标带有较高期望和一定难度时，正面反馈的积极影响会更大，例如多巴胺分泌的增加。

策略 3，为了优化反馈的效果，最好优先选择即时反馈，特别是在错误概率很高的情况下，尤其应该如此。然而，在需要实现学习自动化的其他情况下，延时反馈可能更可取。在面对一大群学习者进行即时反馈时，可以针对每个解题步骤给出方法示范。此外还可以提供参考答案或者使用技术工具来实现自动反馈，以便学习者可以自行获取即时反馈。

策略 4，要提高反馈的效果，需要采用解释性的、以任务为导向的反馈，这意味着反馈必须与学习者的回答之间建立明确的联系，不仅要关注学习者的回答，还要关注产生这个答案的过程以及在执行任务中使用的调整策略。如果同时针对回答、答题过程和调整策略的反馈加以解释，那么对学习的影响将更加显著。

原则 6
最大化反馈

为什么？

理由 1 激活大脑纠错机制	理由 2 增加大脑多巴胺的含量
理由 3 提高大脑预测能力 同时最大限度利用能量消耗	理由 4 改善学习并减少重复 错误的风险

如何实现？

策略 1 寻求尽可能多的反馈 规划多次反馈　预告反馈	策略 2 实现正面反馈和负面 反馈之间的平衡
策略 3 获得即时反馈 示例反馈　参考答案　技术工具	策略 4 优先选择解释性的、以 任务为导向的反馈

我们需要通过最大化反馈激活纠错机制，增加大脑多巴胺的分泌，提高大脑的预测能力，从而提高学习能力，同时最大限度地减少重复犯错的风险。为此，必须寻求尽可能多的、即时的、解释性的反馈，包括负面反馈和正面反馈。

Activer
ses
neurones

第 7 章

培养成长型思维

拥有正确的思维方式，才能真正升级你的学习力

大脑的激活与反馈对学习和大脑功能的运转具有重要作用。神经元的反复激活能够改变神经连接从而实现学习，而反馈通过加强有效的神经连接和改变引起错误的神经连接来引导神经连接的变化。激活与反馈对学习来说虽然必不可少，但有时还不够，我们还需要激发学习动力，投入必要的努力以激活大脑并纠正错误。

动力是一个庞大而复杂的主题。它可能受到许多因素的影响，这些因素往往还相互关联。一次成功预测，无论这个预测是来自个人还是环境，所带来的正面强化便是影响动力的因素之一。它可以促使纹状体分泌多巴胺，从而让学习者产生满足感，最终激发学习者的学习动力和兴趣（详见第 6 章）。

另一个因素与成本收益比有关。我们已经看到，大脑会不断地作出预测。这些预测使我们能够评估自身的行动和努力可能带来的好处，并决定是否值得为这个好处作出相应的付出。**在学习中，确定成本收益比的一个重要因素是相信自己有学习和自我提升的能力。**事实上，研究表明，我们对自己的学习能力和自我提升的能力的思维倾向（mindset）会对动力产生重大影响。

具有成长型思维（growth mindset）的人相信他们可以学习并提高自己的能力。因此，他们在学习中往往更有动力，因为他们预测学习和自我提升所需的努力和精力将能够切实让他们实现学习、自我提升并达成他们的目标。

相比之下，具有固定型思维（fixed mindset）的人则认为他们在任务中取得成功的能力取决于他们的固有特征，这些特征是与生俱来的，无法改变。对于那些具有固定型思维的人来说，努力激活大脑并纠正错误是没有意义的，因为努力了也无济于事。他们认为成功取决于那些他们无法控制的因素。因此，具有成长型思维的人比具有固定型思维的人更有优势。

为什么要培养成长型思维

培养成长型思维的理由有 3 个。事实上，一个人相信自身的技能和能力可以提高，除了有助于激发学习动力、促进学习，还可以促进纠错机制的激活，提高大脑纹状体和前额叶之间的连通性，前者与奖励机制相关联，后者与注意力和纠错机制相关联。

促进大脑纠错机制的激活

学习，就是改变。反馈是积极引导这种改变的最重要的因素之一。而且很大程度上，正是因为反馈，大脑才得以发展出越来越高效的神经网络。不过，重要的不是反馈本身，而是大脑对反馈和错误的反应。如果大脑对收到的反馈反应不大，则反馈对学习的影响也会很小。

然而，出错后的思维倾向会极大地影响大脑的反应。图 7-1 显示了思维倾向、出错后的表现和大脑激活水平之间的关系[1]。我们可以看到思维倾向与出错后的表现相关联（相关系数为 0.43）。**换句话说，一个人越是拥有成**

长型思维，他就越有可能纠正错误，从而在出错之后提高表现。思维倾向与纠错之间的这种关系受大脑激活水平的影响：一个人越是具有成长型思维，他在出错后大脑被激活的程度就越高（相关系数为 0.52），而且激活程度越高，纠错率和错误后的表现水平也越高（相关系数为 0.62）。这些结果表明，思维倾向会影响大脑的激活水平，进而影响纠错表现。

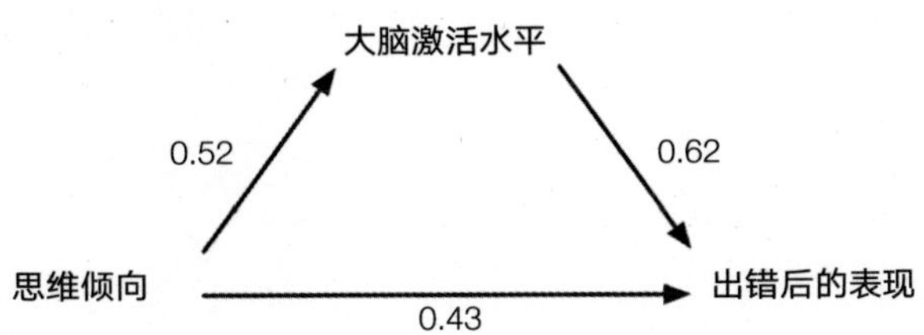

思维倾向会影响出错后大脑激活的水平，从而影响错误纠正的水平以及出错后的表现。一般来说，一个人越是具有成长型思维，他的大脑对负面反馈的反应就越活跃，他纠正错误的可能性也越大[2]。

图 7-1　思维倾向、出错后的表现和大脑激活水平之间的关系

对具有固定型思维的人和具有成长型思维的人来说，错误对他们的影响是不一样的，前述结果与这种认知是一致的。事实上，相信自己可以改进的人往往会将所出错误视为学习和改进的工具。他们会认为出错意味着自己需要更加集中注意力并且付出更多努力以提升自己和改进自己。相比之下，一个拥有固定型思维、不相信自己可以提高的人，则往往会把出错看作他们无法完成任务的一种证明。这样，错误不仅不会刺激大脑激活，反而会抑制大脑活动。

研究人员使用了脑电图来测量具有固定型思维的人和具有成长型思维的人的大脑活动水平。这种技术可以测量由大脑活动引起的头部表面电位差。如图 7-2a 所示，具有成长型思维的人在出错后大约 300 毫秒内即能很大程度激活他们的大脑。这种激活的峰值 Pe（与错误相关的正电位）通常与更多的注意力调动相关。这一结果表明，具有成长型思维的人比具有固定型思维的人对所犯的错误更加关注，并会更加主动地启动错误分析程序。如图7-2b所示，具有成长型思维的人在出错后的大脑活动明显高于具有固定型思维的人。

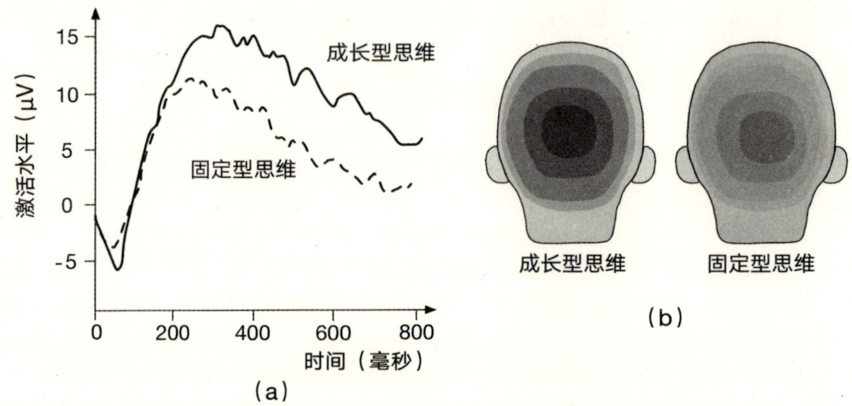

具有成长型思维的人在出错后比具有固定型思维的人更多地激活了他们的大脑。错误发生后300毫秒左右激活水平达到峰值（参见图a），这表明他们更多地关注错误。图b显示了在出现错误后具有固定型思维的人和具有成长型思维的人大脑激活水平的差异[3]。

图7-2 两种不同思维倾向的人大脑激活水平对比

研究人员一般通过问卷的方式，询问被试对问卷中的表述的同意程度，比如“你有一定的智力水平，但你真的无法进行自我提升”，以此来测量其思维倾向。问卷一般将人的思维倾向水平设在1～6分，1分代表思维倾向非常固定，6分代表具有很高的成长型思维。

图7-3显示了不同思维倾向水平的人在出错后的大脑激活情况。图上的每一个点代表一个人。我们可以观察到一个明显的趋势：越是具有成长型思维的人，其大脑激活水平就越高。因此，我们要摒弃一个人要么具有固定型思维，要么具有成长型思维的想法。事实上，一个人关于自我提升能力的思维倾向处于一个非常固定的思维倾向和一个非常高水平的成长型思维之间。

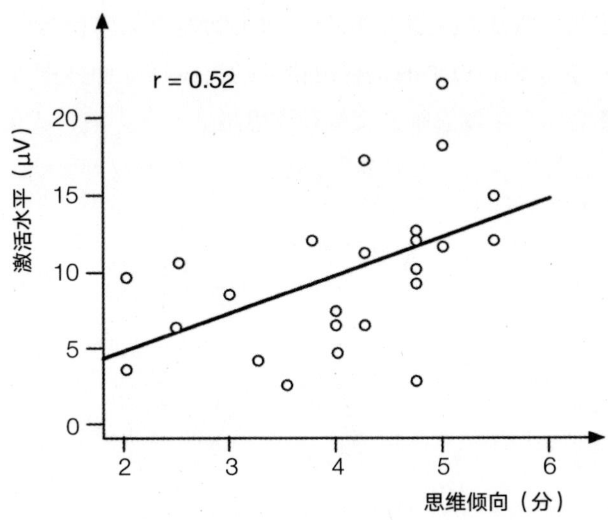

一般来说，越是具有成长型思维的人，他的大脑在出现错误后就越活跃[4]。

图 7-3　两种不同思维倾向的人在出错后的大脑激活水平

由于思维倾向对大脑纠错机制的激活和学习有着相当大的影响，因此我们希望尝试培养学习者的成长型思维。但思维倾向有可能改变吗？尽管看起来可能很困难，但事实上，影响一个人的思维倾向，至少暂时性地影响其思维倾向，是比较容易的。一项研究表明，在执行任务前阅读有关智力的文章就可以显著地影响大脑的活动[5]。

在该研究中，研究者要求被试提前阅读一篇文章，文章要么认为智力由基因决定且无法改变，要么认为智力可以在环境的刺激下得到发展，并可以通过努力和学习来改变。阅读的文本随机分配给被试。

结果如图 7-4 所示。相比阅读与固定型思维相关的文章的被试，阅读与成长型思维相关的文章的被试在出错后更多地激活了他们的大脑。这些结果与前一项将具有固定型思维的人和成长型思维的人进行比较的研究所获得的结果非常相似。但是，这里必须指出，最初两组被试的思维倾向水平是相同的，因此，对两组被试的研究结果本不应该有差异。正是因为在执行任务前阅读的文章偏向固定型思维或是成长型思维这一点，就造成了结果的巨大差异。因此，思维倾向对激活纠错机制的作用很容易受到影响。

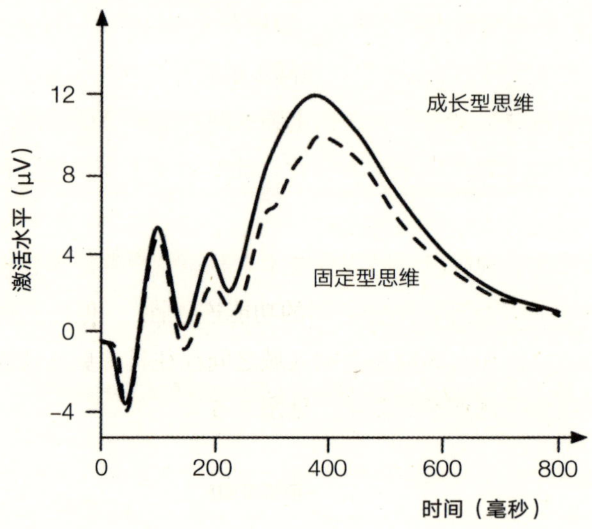

阅读一篇将智力描述为固定不变的或是能够通过努力和学习来提高的文章会影响大脑活动。具体而言，阅读倾向成长型思维的文章比阅读倾向固定型思维的文章更能在出错后促进大脑的激活[6]。

图 7-4 阅读两种不同思维倾向的文章大脑激活水平对比

提高大脑奖励机制和纠错机制间的连通性

在前一章中，我们看到反馈可以激活两种主要的大脑机制：纹状体的奖励机制和与前扣带回皮层和前额叶皮层相关的纠错机制。这两种机制显然不是完全彼此独立的，与纹状体相关的情绪强化会影响与额叶相关联的认知能力。因此，有理由认为加强纹状体和与纠错相关的脑区间的连接将有助于学习。

至少有两种技术可以评估脑区间的连通性。第一种技术用来测量结构连通性，通过磁共振成像技术研究水分子如何在大脑中扩散（一种称为弥散张量成像的技术），来确认神经元轴突的方向。当水向特定方向扩散时，表明大量轴突也沿着这个方向传导，两个区域之间存在强大的连通性。

第二种技术用来测量功能连通性，即检查大脑的哪些区域会倾向于同步被激活。一个区域越倾向于与另一个区域同步被激活和抑制，那么这两个区域间的功能连通性就越强。通常，为了确定脑区间功能连接的强度，研究人员会测量被试在休息时大脑活动的自发变化，此时被试不需要做任何认知任务。

研究人员使用这种静息态脑成像技术来测量具有固定型思维和成长型思维的人的纹状体与大脑其他部分之间的功能连通性[7]。他们发现，具有成长型思维的人的纹状体和与纠错相关的区域之间往往具有更好的连通性，例如前扣带回皮层和背外侧前额叶皮层（见图 7-5）。

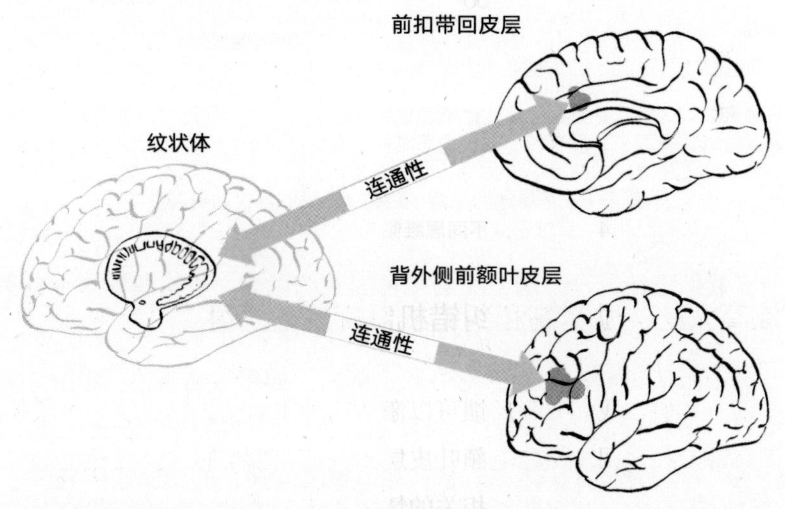

具有成长型思维的人，其纹状体（与奖励机制相关）与前扣带回皮层和背外侧前额叶皮层（与纠错机制相关）之间的功能连接更强[8]。

图 7-5　纹状体与其他两个脑区之间的连通性

这些研究人员还发现，思维倾向与纹状体和背外侧前额叶皮层之间的连通性强度之间存在相关性（见图 7-6）。换句话说，一个人越是偏向于成长型思维，他的这两个脑区之间的连通性就越强。因此，与之前讨论的其他研究一样，这项研究支持这样一种观点，即一个人越是相信他可以提高自己的能力和智力，思维倾向的积极影响就越大。

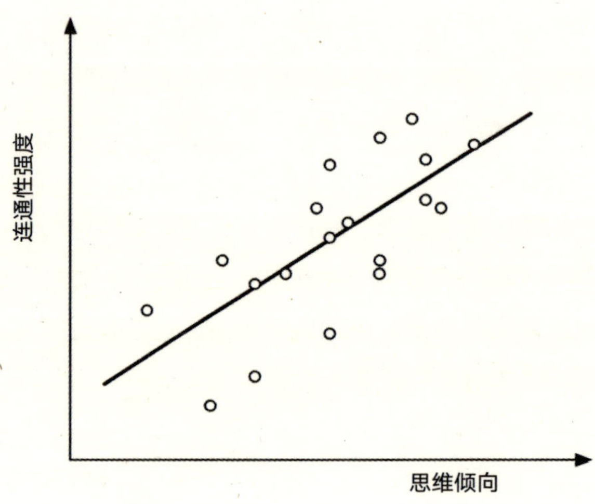

一般来说，一个人越是具有成长型思维，其纹状体和背外侧前额叶皮层之间的功能连通性就越强[9]。

图 7-6 思维倾向与两个脑区间连通性强度的相关性

前面我们已经说过，动力受到多种因素的影响，且这些因素彼此关联。除了思维倾向，在谈到动力和恒心时，我们经常会用到另外一个概念。在英语中，这个术语是 Grit，意思是个性、勇气、胆量或者决心。Grit（毅力）是在完成一个目标或一系列目标的长期过程中所怀有的热情和坚持。跟思维倾向一样，毅力与纹状体和大脑其他区域之间强大的功能连接有关[10]。然而，二者之间存在着一些值得注意的差异。思维倾向会影响腹侧纹状体（下部）和背侧纹状体（上部）的功能连通性，而毅力仅影响腹侧纹状体的连通性。此外，思维倾向更多地与纹状体和前扣带回皮层背侧部分（较高的部分）之间的连通性相关，而毅力更多地与纹状体和前扣带回皮层喙部（更靠前下方的部分）之间的连通性相关（见图 7–7）。这个结果很有趣，因为背侧部分更多地与纠正错误相关，而喙部则更多地与坚持、延迟满足和获得奖励相关。这表明毅力和思维倾向虽然有很多共同点，但它们很可能是两个完全不同的作用机制。

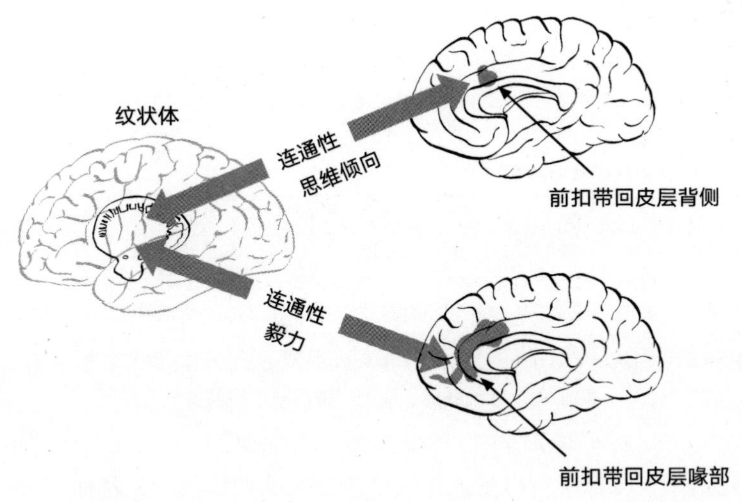

思维倾向影响纹状体和前扣带回皮层背侧（更多与纠错相关）之间的连接强度，毅力则影响纹状体和前扣带回皮层喙部（更多地与动力和奖励相关）之间的连接强度[11]。

图 7–7　思维倾向和毅力与 3 个脑区之间的关系

通过研究纹状体和背外侧前额叶皮层的灰质密度，另外一些研究人员也发现了毅力和思维倾向之间的差异和相似之处。纹状体中灰质密度越高，毅力水平也越高，这与越有毅力的人纹状体就越发达的观点是一致的[12]。然而，人们还观察到，毅力水平越高，背外侧前额叶皮层中灰质密度越低。不过，这并不是一个消极指标，较低的灰质密度可能表明背外侧前额叶皮层消除了不合适的大脑连接，从而具有了更高的效率。此外，这个区域灰质密度的降低可能与某些认知能力的增强有关[13]。更有趣的是，在毅力和背外侧前额叶皮层灰质密度的关系中，思维倾向似乎起着媒介作用，但对纹状体则不然。研究人员认为，这一结果表明，思维倾向可能会更多地影响到纠错机制，而不是直接影响到动力，但对纠错的影响最终可能会带来更大的动力和更强大的毅力。换句话说，**成长型思维可能有助于毅力的培养**（见图 7-8）。

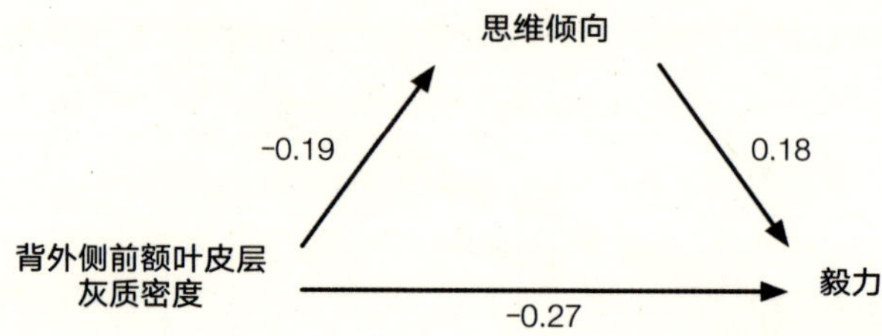

背外侧前额叶皮层的灰质密度与毅力呈负相关关系（-0.27）。这种关系受到思维倾向的影响。事实上，灰质密度和思维倾向之间也存在类似的负相关关系（-0.19），而在思维倾向和毅力之间则观察到了正相关关系（0.18）[14]。

图 7-8　思维倾向、毅力、灰质密度间的关系

总之，成长型思维可以更大程度地激活大脑纠错机制，从而对学习产生影响。这种积极影响会带来更多的成功，进而影响纹状体和奖励机制，并最终影响长期的动力和毅力。

迎难而上，加强学习

到目前为止，我们已经研究了思维倾向对大脑的影响，了解到成长型思维有助于激活大脑纠错机制并改善大脑奖励机制（纹状体）和纠错机制（前扣带回皮层和背外侧前额叶皮层）之间的连通性。现在让我们来看看影响成长型思维形成的因素及成长型思维对学习的影响。

尽管人们可能认为父母的思维倾向会对孩子造成重大影响，教师的思维倾向也会很大程度上影响到学生，但研究表明情况并非如此[15]。**事实上，具有成长型思维的父母或教师带出来的孩子和学生并不一定也具有成长型思维。**

之所以会有如此惊人的发现，原因之一可能是培养成长型思维的一个关键因素是表达鼓励和激励的语言和行为。然而，父母和教师在面对孩子的成功和失败时使用的词汇似乎并不受他们自己思维倾向的影响，而在于他们天然地信奉什么样的方式最能激励和鼓励学生。因此，一个人可能具有成长型思维，但使用了与这种思维倾向并不相符的方式与他人进行互动。

要培养成长型思维，提供的反馈和鼓励类型尤为重要。**鼓励的类型至少有两种，分别是针对过程的鼓励（“你工作很努力”）和针对人本身的鼓励（“你很聪明”）。与成长型思维相符的第一种鼓励方式更有可能对学习者的思维倾向产生积极影响。**一项研究表明，经常对 15 ～ 38 个月大的儿童给予针对过程的鼓励，可以很好地预测他们在 7 ～ 8 岁时的思维模式更倾向成长型（见图 7-9）[16]。相反，不常给予这种类型的鼓励，则会增加形成固定型思维的可能性。

除了针对过程的鼓励之外，培养一个人的信念，让他相信可以提高自身能力的第二个重要因素是如何看待错误对学习的意义。如果家长或老师认为孩子所犯的错误是进步和自我提升的重要工具，那么它很有可能对亲子互动产生积极影响，并培养孩子的成长型思维。

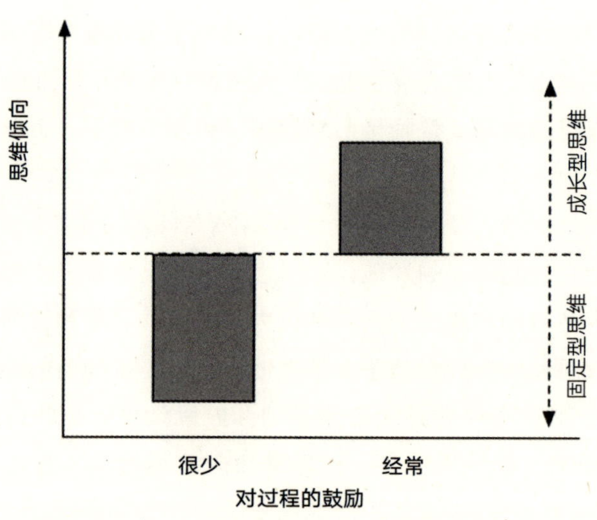

针对过程的鼓励可以强化成长型思维。在孩子 15 ～ 38 个月大时经常进行这种针对过程的鼓励，与他们 7 ～ 8 岁时形成的成长型思维是有联系的 [17]。

图 7-9 针对过程的鼓励可以强化成长型思维

除了父母和教师对待成功和失败的态度之外，特定的干预也可以培养成长型思维。研究表明，向学生教授大脑是如何学习的有助于增强他们对学习和自我提升的信心。具体而言，告诉学生他们的大脑具有神经可塑性，通过学习可以改变神经连接从而提高技能，可以对他们的思维倾向带来显著的积极影响。

如图 7-10 所示的一项研究，3 次为时 45 分钟的干预让青少年表现出了更多的成长型思维倾向（78% 比 71%）[18]，课程主题分别是大脑和学习、青少年的大脑发育以及体育活动和生活方式对大脑的影响。

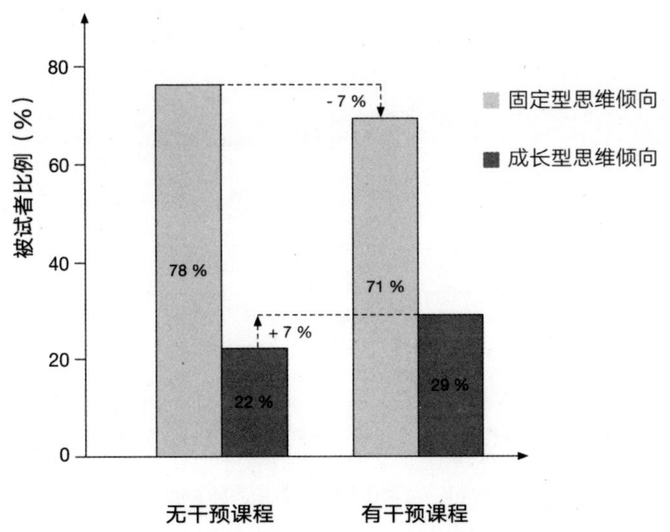

教授学生大脑如何工作和学习，可以帮他们促进成长型思维的形成。此图中，与没有接受过这种干预的年轻人相比，接受过大脑功能和学习相关干预的青少年更多地表现出了成长型思维倾向[19]。

图 7-10　特定的干预和培养成长型思维之间的关系

如果 3 次为时 45 分钟的干预有助于激发成长型思维，那么更短时间的干预会有用吗？一项研究表明，一次 55 分钟的干预可以对思维倾向带来的影响不多，但是很明显[20]。这项研究在两所学校进行（以确保效果的可重复性），其结果如图 7-11 所示。在干预后，学校 1 的学生思维倾向水平立即从 4.66 提升到了 5.22（在 1 ～ 6 的量表中，1 代表最固定的思维倾向），学校 2 的学生思维倾向从 4.71 提升到了 5.10 。更有趣的是，研究人员还研究了这种短期干预的中期效果。我们观察到在干预后 2 周、7 个月甚至 10 个月测量到的思维倾向，尽管数值略有下降，但仍高于干预前的水平。因此，短期干预可以对思维倾向产生相对持久的影响。

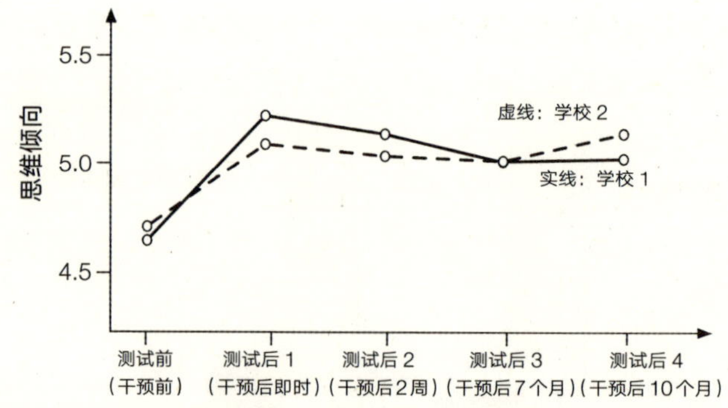

即便是短期的干预也会对思维倾向产生持久的影响。据此图所示的研究结果，一个仅仅 55 分钟的干预，所产生的积极效果在干预后持续了 10 个月之久[21]。

图 7–11 短期干预对思维倾向的影响

我们已经看到，强化的类型、如何看待错误对学习的意义以及对神经可塑性的认识都可以促进成长型思维的培养。现在让我们来看看思维倾向和学习之间的直接联系。图 7–12 所示，是一篇关于思维倾向对学业成绩的影响方面被引用次数最多的科学论文之一[22]。图 7–12a 显示了七年级到八年级期间学生数学成绩的变化趋势。在此期间，具有固定型思维的学生分数持续呈现出轻微下降的趋势，而具有成长型思维的学生分数则逐渐上升。这一结果与成长型思维有助于学生克服困难的观点是一致的。

为了更直接地确定思维倾向与学业成绩之间是否存在因果关系，研究人员还研究了干预对数学成绩的影响。为此，他们将学生分成两组。第一组进行了 8 次为时 55 分钟（每周 1 次）的干预，主要针对大脑可塑性。第二组进行了持续时间相同的对照干预，主题类似，但没有专门针对神经可塑性或智力和认知能力可以提升。

在图 7–12b 中，我们观察到，被试者以“固定型思维”干预的学生（对照组），其分数在干预前后都呈下降趋势，从大约 2.7 下降到 2.5，然后下降到 2.4（满分 4 分）。相比之下，被试以“成长型思维”干预的学生在干预后成功扭转了成绩的下降趋势，分数先是从干预前的大约 2.9 降到干预前的 2.6，在干预后又回升到了 2.7 左右。这项研究表明，通过有针对性的干预不仅可以影响思维倾向，还可以影响学业成绩。

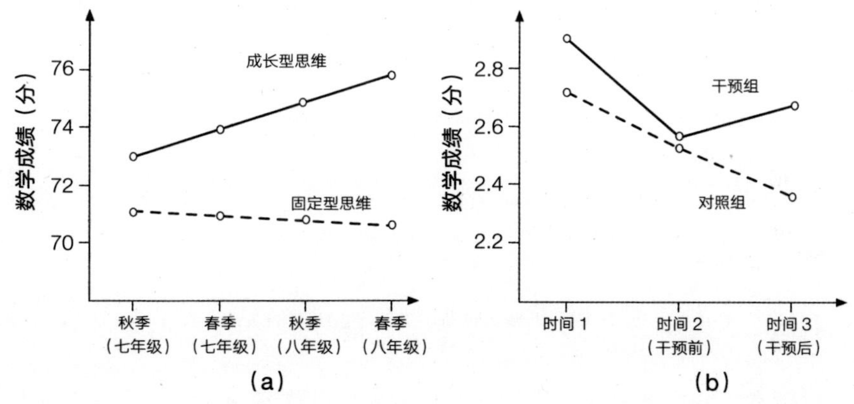

a 图显示，具有成长型思维的学生，数学成绩从七年级到八年级呈现持续升高的趋势，但其他人的数学成绩则呈下降趋势。b 图显示，培养成长型思维的干预措施可以扭转数学成绩的下降趋势[23]。

图 7-12　思维倾向对学业成绩的影响

一个向 1 500 多名学生提供神经可塑性相关信息、鼓励成长型思维的网络干预课程也得出了类似的结果[24]。这项干预对所有学生、所有科目都显示出了积极效果，且对挂科风险较高的学生和某些科目（如数学）的效果尤其明显（见图 7-13）。这一结果表明，旨在培养成长型思维的干预措施对所有学生都有益，特别是对那些学习有困难、需要培养恒心和毅力的学生作用更为显著。此外，一些难度特别大的科目或者与固定型思维和先天能力相关的科目，例如数学和数学天赋，干预的效果也更明显。

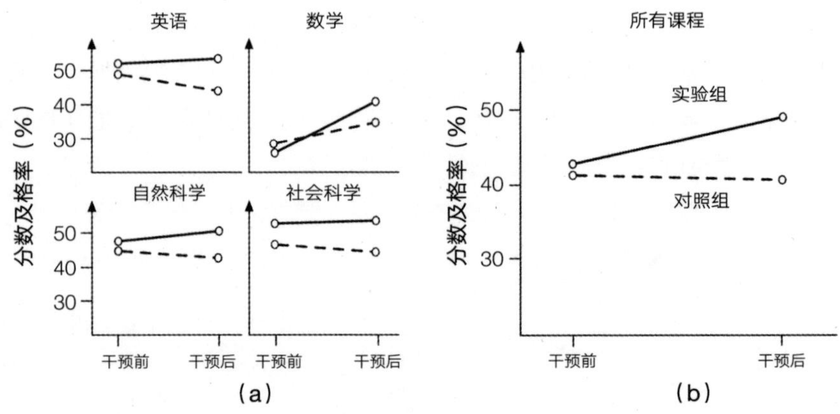

即使是互联网上的干预措施也会对思维倾向和学业成绩产生影响。a 图显示，旨在培养成长型思维的干预对所有科目都有积极影响（与未进行干预的对照组相比），对数学的影响尤其突出。b 图显示了干预对所有课程的总体影响 [25]。

图 7-13 干预措施对学生的学业成绩的影响

尽管本章的内容表明思维倾向是影响大脑功能和学习的一个重要变量，但是，也有科学文献提出了相反的结论，可能会让人怀疑思维倾向对学习是否真的那么重要。

例如，一项对 129 项研究进行的元分析表明，思维倾向对学业成绩确有影响，但效应值仅为 0.1[26]。这意味着，成长型思维的学习者一般比固定型思维的学习者表现更好，但总体上两者之间的差距很小。

这个结果并不令人意外。确实，从教学方法和学习者的认知能力角度来说，肯定有很多因素会对学业成功造成影响，如工作记忆、注意力和认知控制等。因此，不太可能只有某一个因素（比如思维倾向）对学业成功有非常大的影响。更重要的是，评估旨在培养成长型思维的干预措施对学习和学业成功的影响。

与前一项元分析发表在同一篇文章中的第二个元分析，研究了旨在培养成长型思维的干预措施对学习和学业成功的有效性。从表面上看，结果算不上鼓舞人心。事实上，在分析了 29 项研究结果后，研究人员计算出，此类关于干预的研究对学业成功的平均效应值仅为 0.08。与第一个元分析的结果相反，第二个元分析得出的效应值小到出人意料。为了更好地理解这一结果，我们需要更详细地研究这项元分析是如何进行的。

为了考察尽可能多的研究数据，研究人员在他们的计算中不仅包含了发表在科学期刊上的数据，还包括了未发表的数据。后者主要通过电话联系，请求所有拥有同主题数据（尽管未发表）的研究人员提供他们的研究结果。因此，元分析中使用的 42% 的数据并未在科学期刊上发表，因此并没有经过由该领域专家组成的同行评议委员会的独立评估。包含未发表的数据的优点是避免了科学期刊容易否定不显著的结果这一偏见，但也存在一个不可忽视的缺点，即未对这些数据和获取数据的方法进行严格的质量评估。

此外，通过仔细检查元分析中使用的数据，我们注意到，在关于成长型思维干预的有效性的负面数据中，有很大一部分没有在期刊上发表。换句话说，此类干预的平均效应值之所以非常小，主要是因为包含了未发表的数据。数据未发表并不一定意味着数据无效，但不免让人对其质量产生合理怀疑。因此，这项元分析可能低估了干预的效应值。

除了使用未发表的研究数据外，我们还注意到，拉低平均效应值最多的数据都来自同一项研究，该研究将神经科学尤其是神经可塑性课程的效果与学习策略课程的效果进行了对比，后者包括如何为学习做准备，环境和身体的准备工作对学习的影响，情绪的作用和控制情绪以更好地学习，如何记住内容以及提高记忆力的技巧，等等。尽管在对照组中没有提到神经可塑性，但它提到的很多观点都认为使用好的策略能够促进学习并提高技能。简而言之，这两种干预都可以促进成长型思维。换句话说，该研究将两种成长型思维干预进行了比较。因此，它们的效果相似也就不足为奇了。

我的研究室进行了另一项元分析[27]，使用的数据仅限于发表在科学期刊上的、用神经科学激发成长型思维的文章。尽管本次元分析也包含前述针对两种成长型思维干预的研究，但计算出的效应值却是 0.4。为了评估以下假设，即更多地了解大脑运行机制让有失败风险的学生获益更多，本次元分析还单独列出了这一类学生的效应值（见表 7-1）。这类学生的效应值为 0.44，而其他学生的效应值为 0.31。此外，我们还具体检查了干预对动力和学业成功的效应值，得到了类似的结果，有失败风险的学生更多地从干预对动力（0.55 比 0.19）和干预对成功（0.39 比 0.28）的积极效果中获益。在数学方面（这门学科通常被认为难度比较高并且与先天基因相关），有失败风险的学生与其他学生之间的差距也很大（0.78 比 0.09）。

表 7-1　干预对动力和学业成功的效应值

	所有学生	有失败风险的学生	其他学生
动力 + 成功	0.40	0.44	0.31
动力	0.37	0.55	0.19
学业成功	0.34	0.39	0.28

如何运用成长型思维原则

在探讨了成长型思维的益处之后，现在让我们看看培养成长型思维的 4 种策略:（1）了解神经可塑性的概念;（2）明确神经可塑性是可以改变的;（3）避免认为只要有成长型思维就可以完成学习;（4）提供符合成长型思维的反馈。

了解神经可塑性的概念

正如前面看到的多项研究表明，了解神经可塑性的概念可以对我们的思维倾向产生积极影响。要培养成长型思维，必须知道大脑的结构并不是在婴儿期之后就一成不变的，在整个生命周期中，大脑都具有改变神经连接以实现学习以及持续性发展的能力。

并不是所有人都认可“整个生命周期中都存在神经可塑性”这一观点。婴儿的快速发育与成年人能力的相对稳定之间形成了鲜明的对比，这也是有人认为神经可塑性只存在于生命早期的原因之一。我们确实看到婴儿的成长速度比成年人快得多。在两三年的时间内，婴儿就学会了操控物体、移动、走路、说话等。人们很容易得出结论，认为大脑只在婴儿时期发育，婴儿期之后大脑就比较稳定了。

事实上，部分情况确实如此，成年人的大脑变化不如幼儿多。然而，这并不一定是因为神经可塑性更低，而是因为成年人的大脑能更好地适应环境，并且已经建立了能够让他们说话、阅读、写作、与他人互动等诸多神经连接。

在这个问题上，有一种毫无根据的普遍观念，即认为一切都是在 3 岁前完成的。根据这个离谱的神经理论，认知能力在很小的时候就已经发育完成，从那以后我们就只是使用早已发展出的能力而已。从这个角度来看，学习阅读或数数并不是一个改变大脑的过程，而只是学着使用大脑早已开发出来的阅读和算术的能力而已。要改变思维倾向，我们必须摒弃这种毫无根据的观念，相信任何人都可以改变他们的大脑。

有几种方式可以让人们了解神经可塑性这一概念。有抱负的教师可以制定一个学习计划，安排一系列活动帮助学生更多地了解他们的大脑和神经可塑性的知识。这个学习计划可以整合到一门自然科学或一门关于工作方法和学习策略的课程中，还可以融入阅读理解或听力练习，甚至是书面或口语表达的活动中。

了解神经可塑性概念的另一种方法是，组织有关该主题的短期学习活动。例如，我们可以阅读一段关于神经可塑性的短文或观看一段视频。我们还可以介绍并讨论本书的图0-4，该图展示了由学习引起的神经连接的重组。

我们还可以使用调查问卷，讨论某些资质是固定属性还是进化属性[28]。表7-2展示了一个关于智力的调查问卷，可以用于讨论关于发展个人资质和能力的可行性。该问卷中的“智力”一词也可以根据需要替换为更为合适的术语，例如“艺术天赋”“科学才能”“运动能力”或“商业禀赋”。与智力的固定或进化属性有关的问题经常被用来确定一个人的思维倾向。在这份问卷中，前两个表述反映了一种固定的思维倾向，而后两个表述则反映了一种成长型思维[29]。

表7-2 关于智力的调查问卷

	完全同意			坚决不同意		
你的智力水平生来如此，且不会有大的改变	1	2	3	4	5	6
你可以学习新东西，但你并不能真正改变你的智力水平	1	2	3	4	5	6
无论你的智力水平如何，你都可以改变它	1	2	3	4	5	6
你可以大幅度地提高你的智力水平，这无关年龄	1	2	3	4	5	6

除了参加正式的学习活动，我们还可以通过非正式的方法来讨论神经可塑性。这种方法不需要太多计划，适用于大多数情况。父母可以告诉正在练习系鞋带的孩子，他的大脑正在发生哪些变化，以学习新事物。教师可以在讲课的过程中停下来，告诉学生他们的大脑正在改变以形成记忆、发展技能。培训师也可以提到神经可塑性，强调即便是成年人也可以改造他们的大脑，开拓新技能。

除了关于神经可塑性的正式或非正式的讨论之外，在学校、企业或家庭中还应该培养一种不断鼓励个人发展和成长的进步文化。遗憾的是，上述环境中并不常有这种进步文化。例如，要培养员工的成长型思维，企业不应该只将他们视为能够完成特定工作的人力资源，他们应当被看作是不断发展的个体，可以学习新技能，且可以重新定义其在公司里的角色。

明确神经可塑性是可以改变的

虽然了解神经可塑性的概念确实很重要，但仅仅是了解这些并不足以培养一个人的成长型思维。我们有可能知道大脑能够自我改造以进行学习，但并不认为这种神经可塑性能受我们的控制。

在某些情况下，如果神经可塑性被认为是大脑功能的预置特征，那么它甚至会强化一种固定型思维。在这种认为神经可塑性固定不变的观念中，人们也会认为自己或多或少具有可塑性。换句话说，人们虽然承认学习可以通过神经可塑性来改变大脑，但有些人天生比其他人具有更多的神经可塑性。这会导致一种固定型思维，因为我们不相信我们有可以控制自己学习和进步的能力。

因此，人们不仅要了解神经可塑性的概念，还要知道它是可能被影响的。学习者越相信他（她）能掌控自己的学习，他（她）就越具有成长型思维，成长型思维的益处也就越明显。

要达到这个目的，有一个好方法就是了解本书中讨论的原则，这些原则表明可以通过使用良好的学习策略来控制大脑的可塑性。要学习和改变大脑的神经连接，需要一些有产出的活动来激活大脑并避免分心（激活原则）。通过反复激活，建立并逐渐加强神经连接，使我们的能力越来越强，任务的执行变得越来越容易（反复激活原则）。提取练习和解释说明是促进大脑可塑性的两种具体方法（记忆练习训练和解释说明原则）。此外，通过间隔激活神经元的时间，加强大脑变化，促进学习（间隔原则）。最后，为了引导神经变化，需要确保获得足够多的反馈来为大脑提供必要的信息，从而有效地调整神经连接的相对强度（最大化反馈原则）。所有学习者都应该至少了解其中的部分原则，明白他们可以掌控自己的神经可塑性和学习过程。

避免认为只要有成长型思维就可以完成学习

虽然相信一个人有能力进行学习和提升自己的资质有多种好处，但过于看重成长型思维，而不加以区分，有时也会产生负面影响。

例如，一项研究表明，**具有高度成长型思维的教师给学生的反馈往往更少**（见图 7-14）[30]。对这一惊人的结果有一个合理的解释，即具有成长型思维的教师可能非常相信学生的学习能力，以至于他们忽视了反馈在学习中的重要作用。从更普遍的意义上来说，采用探索型教学法等很少介入指导的教学方法的教师，可能受到了他们对学习过于乐观的思维倾向影响。

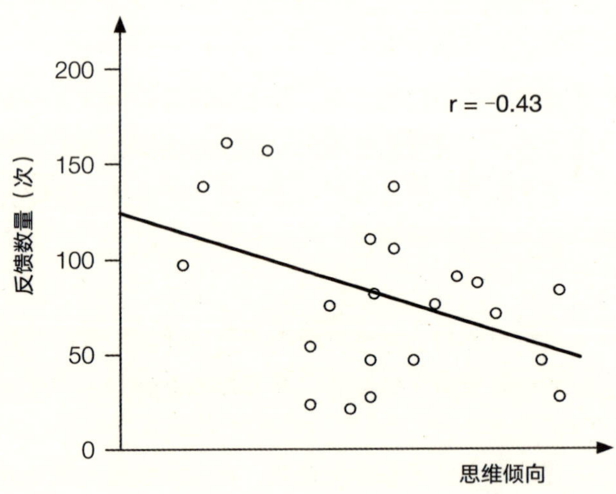

成长型思维有时会产生负面影响。本图显示，教师越是具有成长型思维，他们给学生的反馈就越少[31]。

图 7-14　具有成长型思维的老师给出反馈情况

最近有一篇科学论文警示我们不要夸大对成功和学习的控制能力[32]。该文作者的观点是有道理的，他们认为除了环境因素之外，遗传因子也是影响我们的能力和智力的因素。高估环境因素对成功的作用至少会产生两个消极后果。

首先，过于相信我们的能力和智力的可塑性会刺激我们去相信一些无效的方法，例如相信可以通过脑力训练（brain training）一类的认知训练或健脑操（brain gym）一类的协调训练来发展智力，而事实上并没有任何证据证明它们的有效性[33]。

其次，过于相信个人的学习能力和改变自我的能力会导致失败的学习者受到某种形式的污名化。确实，如果通过训练就可以“锻炼”你的大脑并变得更加聪明，只要使用正确的策略就能学习好，那么如果不是因为不努力、没有好好训练或使用了无效的学习策略，我们为什么会遭遇失败和学习困难呢?

如果每个人都有学会一切的能力，那么就该有人为学习的失败负责。比如，我们可以说这是由于父母监督不力、幼儿时期缺乏引导、学校使用了糟糕的教学方法、学生懒惰、学校系统不够完善、负责教师培训的机构不够负责或社会机制问题造成的。然而，实际情况要复杂得多。

总而言之，我们需要相信神经可塑性的力量并保持成长型思维，但也必须认识到成功和失败的原因是复杂的，受多种因素的影响，也包括我们无法控制的因素。

提供符合成长型思维的反馈

除了了解神经可塑性和可以对它造成影响的策略之外，另一种培养成长型思维的方法是，提供的反馈和强化要让学习者相信他们的能力和资质可以得到提高。

把错误看作一种学习工具

提供符合成长型思维的反馈，第一个技巧是拥抱错误。当错误被认为是缺乏才能或智力不足的表现时，尤其是在我们认为这种缺乏和不足几乎是我们无法控制的固定特征时，固定型思维就会被强化。**要培养成长型思维，首先要避免称某人为傻瓜或者断定他不擅长做某事。同时，我们也要避免带有安慰性质的反馈**，告诉他可能在某一方面不太擅长，但在另一方面是非常有才华的。比如，我们可能会告诉一个学习数学有困难的学生，让他不要担心，我们知道数学不是他的强项。教师或家长经常试图通过这种方式让孩子放宽心，并让他们不至于被困难打倒。这种做法是值得称赞的。教师和家长的反应属于人之常情，可以理解。然而，它可能会激发学生产生一种固定型思维，认为天赋的有无才是成败的关键。

一项研究表明，具有固定型思维的教师更倾向于安慰学生，对他们说“别担心，不是每个人都擅长学数学。”[34] 这种类型的反馈显然会对动力和思维倾向产生负面影响，甚至鼓励学生将他们的失败视为缺乏天赋或智力不足的证明。

另一种需要避免的反馈涉及多元智能理论。就连该理论的提出者本人也承认，这个理论是没有根据的，它与当前关于认知和大脑功能的研究数据不相符[35]。根据多元智能理论，智力具有多个维度，例如，一个人可能具有较高的数学智力，但语言智力较低。这个理论在今天仍然经常被用来安慰那些学习上有困难的人。当我们对一个人说，你可能不太擅长语言或数学，却有很高的音乐天赋，我们往往是在有意无意地告诉他，你很聪明，你有你的天赋，在其他方面表现不佳也并不影响你的个人价值。虽然是好意，但我们也不应该给个人贴上擅长某个特定领域（语言、数学或其他）的标签。

一种既可以安慰遇到困难的学习者又符合成长型思维的方法是，不要将错误和失败视为缺乏才能或智力不足的证明，而是把它们看作一种说明需要更多努力才能取得进步的指示。更进一步说，错误可以为我们指明问题所在以及未来努力的方向，以便我们能够更好地学习和实现自我价值。

这个建议不仅适用于学校学习，也适用于职场工作和人际关系处理。我们不应该将我们的失败、错误和争论视为我们无能或与他人不相容的证明，而应将其视为自我提高和帮助我们超越自我的重要信息来源。我们应当将错误看成一种学习的工具。

避免将成功归因于天赋

第二个培养成长型思维的技巧是，避免将成功归因于天赋。尽管我们可以将错误与智力的不足或天赋的欠缺联系起来，会对学习动力和学习效果造成负面影响，但是我们却不太容易意识到某些用来强化和赞美成功的用词，也可能对思维倾向造成负面影响。

确实，还有什么比对表现出色的学生或员工表示祝贺更理所当然的呢？当孩子数学取得好成绩时，家长当然会称赞孩子说“你的数学成绩真棒！你很有天赋！”当员工完成一项艰巨的任务时，老板当然会向他（她）表示祝贺，称赞他（她）在该领域大有前途。

将成功归因于天赋或我们无法控制的任何其他因素，可能会无意中促成一种固定的思维倾向。事实上，如果认为成功是由我们无法控制的东西（如天赋）带来的，那么失败也将与我们无法控制的因素相联系。从这个角度来看，成功或失败不取决于我们的努力、我们的决定或策略，而是取决于我们无法控制的固定事物。如果努力没有用，那为什么还要努力呢？

避免认为成功仅与努力相关

培养成长型思维最直观的方法是，在给学习者提供反馈和强化时，将成功与努力联系在一起。使用这种方法，我们会强调学生为取得良好的学业成绩所做的努力，强调员工为实现目标而付出的努力和投入的时间。强调努力的主要好处在于将成功的原因归因于一个可控的因素（努力）。

但需要注意的是，不能将成功仅仅归因于努力。为了更好地理解第三个技巧，让我们举一个具体的例子，想象一个学生在化学科目考试中取得了很好的成绩。为了激励他并培养他的成长型思维，老师在祝贺他的成功时特别强调他付出的努力："祝贺你在化学科目上取得的成功。你看，努力就会有成果！"然而，这个学生在最近的一次法语考试中却没有及格。由于他将成功与努力联系在一起，因此他决定更用功地学习法语。他从不缺课，上课时也很专心，他孜孜不倦地完成了所有的作业。然而，尽管付出了很多努力，他的法语考试还是没及格。这个学生很快就会明白，有时候仅凭努力并不能带来成功。他可能会告诉自己，努力有时会有回报，但并非总是如此，因为成功还取决于其他因素。他甚至可能认为，这个其他因素就是天赋，从而强化了一种固定型思维。

不难想象一个更加灾难性的场景。这次让我们想象一个学习所有科目都有困难的学生。他的所有老师都不约而同地向他强调努力对成功的重要性。人们不厌其烦地告诉他，一个人要成功就必须付出努力，只要努力了，他就会成功。这名学生可能本来就已经很用功了，现在他开始加倍努力地学习。他学习的时间更长，勤奋地温习所有的练习，并参加了所有的课外辅导，如此等等。然而，尽管他尽了最大的努力，这名学生在考试中依然表现不佳。从他的经历得出的逻辑推理是，一般来说努力确实会带来成功，但对他而言情况并非如此。为什么呢？他肯定会对自己说，那是因为他笨。

不幸的是，这种情况并不少见。对于不具备学习天赋的学生来说，努力并不足以使他们顺利地完成学习。因此，将成功仅仅归因于努力会阻碍成长型思维的形成，至少在某些情况下是这样的。卡罗尔·德韦克（Carole Dweck）是研究思维倾向对动力和学习的影响的先驱之一，她认为，**将成功与努力联系起来会促进成长型思维的看法，可能是对思维倾向发展最常见的一种误解**[36]**。她赞成将成功与一些我们可以控制的因素联系在一起，但努力只是其中之一。**

成功是一个需要努力和使用策略的过程

为了弥补将成功归因于天赋或将成功仅仅与努力联系起来的不足，第四个技巧是，将成功看成是一个既需要努力也需要使用良好策略的过程。

遭遇失败的时候，首先要归咎于不够努力或使用的策略不当，这两点都是可以控制的。因此，如果一个学生学习不好，就需要尝试找出失败的原因。首先看看是不是因为不够努力。所有的练习和作业都做完了吗？花在学习上的时间够吗？缺过多少课？上课时认真吗？

除了这些可以量化努力程度的因素外，我们还需要考查学生在这个过程中所做工作及其所用策略的质量。他的学习仅仅是复习了课程笔记还是涉及提取练习和解释说明练习？学习和作业是以集中方式还是间隔方式完成的？是否已将所有潜在的干扰（噪声、电子设备等）降至最低？是否已经做好了充分的准备？

在某人获得成功的时候，应着重强调他（她）走向成功的过程。因此，不仅要强调努力，还要强调整个过程涵盖的各个阶段及所采用的策略。在强调取得好成绩时，我们可以说："干得好，你的成绩很出色。你很用功，你改进了学习策略，而且一直都在进步！"

表 7-3 总结了促进成长型思维需要使用和避免使用的强化手段。我们要避免将成败与有无天赋联系起来。还应该避免将成功仅仅归因于努力，因为仅仅依靠努力并不一定会获得好结果。也不应该认为只要不断努力最终就会得到回报，因为如果采用的策略不当，可能永远也得不到理想的结果。

相反，应该强调的是，学习是一个循序渐进的过程，需要付诸努力和采用正确的策略。首先需要明确的是，确实存在一条通往成功的道路，如果还没有达到，那就需要付出更多的努力并改变所用的策略。具体而言，也就是说我们的目标不是一次完成所有的事情，而是一个逐步深化理解的过程。如果使用的方法不见成效，我们就要问问自己还可以做什么，并考虑通过其他途径和策略走向成功。而且这是家长、老师或培训师最重要的作用之一，即提出新的策略来打破僵局。在向学习者提供反馈以对其进行强化的时候，我们也需要记住，通往成功的过程是很复杂的，需要付出相当大的努力，因此，有时候觉得这个过程有些困难也是正常的。

表 7-3　促进成长型思维需要使用和避免使用的话语

该说什么？	
成功 = 过程（包括努力和策略）	
我们的目标不是一次完成所有的事情，而是逐步深化理解。想想还可以尝试做些什么？	如果你突然发现自己在说“我不优秀”，记得加上“暂时”二字。
当你感觉到一项任务有困难时，这是一个信号，表明你的大脑正在成长。	干得好，你的成绩很出色。你很用功，你改进了学习策略，而且一直都在进步！
不该说什么？	
成功 = 天赋	**成功 = 努力**
你的表现非常出色。你真的很棒！你很有天赋。	别担心，不是所有人都擅长做这个。你有其他强项。
你取得了很棒的成绩！你看，只要好好努力，就会有回报！	别担心，只要继续努力，你一定可以做到的。

Activer ses neurones
知识点巩固

培养成长型思维是第 7 个也是最后一个原则。这一原则有助于促进大脑纠错机制的激活，增加对错误的关注以及提高反馈对学习的促进效果。培养成长型思维还可以提高与动力和奖励相关的大脑系统和与纠错相关的大脑系统之间的连通性。这样，获得的反馈和奖励能够更好地对纠错和学习产生影响。最后，总的来说，培养成长型思维和自身能力能够得到提高的信念，可以对学习产生积极影响，尤其是在学习遇到困难的时候，更是如此。

为了培养成长型思维并利用这些好处，可以采用 4 种策略。

策略 1，需要了解神经可塑性的概念，知道大脑不是固定不变的，神经连接可以自我调整以发展新的技能。

策略 2，可以进一步了解本书所讲的原则（如反复激活神经元原则、间隔原则和反馈原则），明确神经可塑性是可以改变的，从而优化策略 1 的效果。

策略 3，不要夸大我们的能力和资质的可塑性，不要认为仅仅是拥有成长型思维就足以完成学习，因为影响成功的因素有很多。

策略 4，需要提供符合成长型思维的反馈和强化。因此，我们需要避免将成功或失败与天赋等不可控的因素联系在一起。成功不应该仅仅归因于努力，因为如果不使用正确的策略，努力也不会带来成功。相反，我们应该将错误视为可以引导我们进步的工具，并

将成功看作一个复杂过程的产物，这个过程不仅包含努力，还包含恰当且有效的策略。

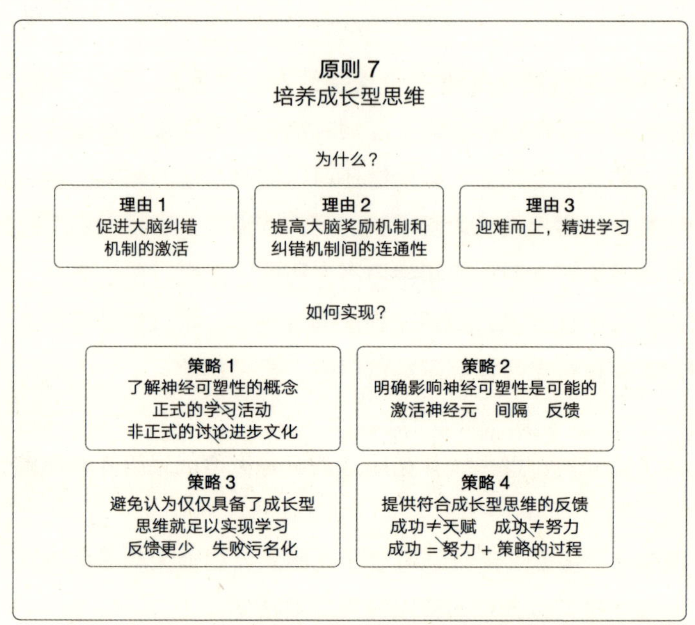

培养成长型思维可以改善大脑的纠错机制及其与奖励机制之间的连通性，进而全面地促进学习。为实现这一目的，我们必须了解神经可塑性，并明白它是可以被改变的，我们还应当避免认为只要具有成长型思维就能学得好，同时应当提供反馈，将成功与付出努力和使用有效策略的过程联系起来。

Activer ses neurones

结论

充分激活你的大脑潜能

学习无疑是我们生活中最重要的方面之一，它在很大程度上决定了我们今天的面貌以及明天会成为什么样的人。但遗憾的是，很少有人有机会在学校或其他地方充分了解大脑的学习机制，以及有科学依据的学习原则和策略，来充分发挥他们的潜力。

本书的首要目标就是填补这一空白，以严谨易懂的方式为读者呈现关于大脑和学习方面最新的研究进展，并对它们进行解释说明，以便让每个人都能学有所成。全书概念图下页总结了本书中讨论到的各种概念及其相互之间的关系。位于该图的中心是激活和神经连接的概念，四周是在不同章节中看到的其他概念：反复激活神经元、提取练习、解释说明、间隔、反馈和思维倾向。

让我们最后再复习一次。学习能否提高我们的知识和技能，取决于神经元激活的方式。然而，由于神经元的激活受我们大脑中已经存在的神经连接的影响，要学习，就要利用神经可塑性来改变我们的神经连接。为此，需要激活与学习目标相关的神经元。毫无疑问，这是本书的中心思想。由于同时被激活的神经元会连接在一起，某些神经元的激活会强化它们之间的相互联

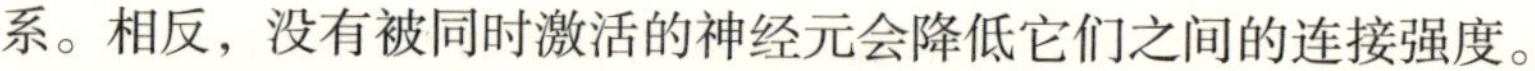

系。相反，没有被同时激活的神经元会降低它们之间的连接强度。

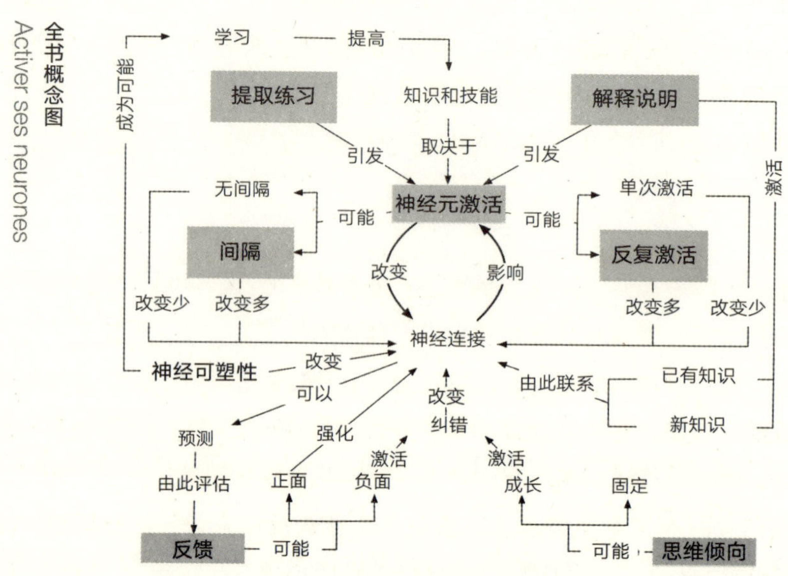

了解大脑有助于学习。这张概念图展示了大脑与本书各章所述概念之间的关系，以及神经元激活在学习和神经可塑性中的核心作用。

因此，要实现学习，我们必须激活神经元，这些神经元可以创建神经网络，从而存储新知识、开发新技能。虽然仅仅激活神经元不太可能改变神经连接，但反复激活会导致神经连接发生显著的变化。因此，应该注重反复激活。

在最能有效激活与目标学习相关的神经元的要素中，提取练习（努力记住反复学习的内容）无疑是最重要的，其次是解释说明，它不仅需要记忆提取，而且要在所学的概念之间以及在现有知识和新知识之间建立联系。无论是通过提取练习、解释说明还是其他类型的练习进行激活，神经元的反复激活要么是无间隔进行的，要么是间隔进行的。间隔激活更能促进神经连接的改变，对学习的贡献也更大。

全书概念图的正中间，是一个从神经元激活到神经连接再到神经元激活的循环。这个循环显示了两者之间的双向联系：一方面，神经连接影响神经元激活的方式；另一方面，神经元的激活会改变神经连接。如果神经元的激活仅受神经连接的影响，那么这个环将是闭合的，学习的可能性将受到限制甚至不存在。为了避免这种情况，必须有外部因素能够影响这个环。

这个外部因素就是反馈。事实上，来自外部的反馈信息，无论是针对我们大脑作出的预测本身还是针对我们根据预测作出的行动，无论是来自环境还是来自他人，都对学习有着重要作用。它让我们能够评估神经连接所作预测的价值，从而评估神经连接本身的价值。当预测正确时，大脑就会收到正面反馈，触发纹状体中多巴胺的分泌，从而强化有效的神经连接。相反，如果反馈信息与预测相矛盾，那它就是一个负面反馈，会启动分析和纠错程序。如此，正面反馈和负面反馈构成大脑可塑性的关键要素，更确切地说，是修改和加强神经连接的关键要素。

最后，个人的思维倾向，即个人认为自己的能力是固定不变的还是可以提高的，它会影响反馈的有效性。一个人越是拥有成长型思维，反馈对其大脑活动的影响就越大，尤其是在得到负面反馈之后。

从本书讨论的这些概念中，可以得出激活大脑潜能的 7 项原则（见下页图）。这些原则都源于对大脑和学习的相关研究，它们为更好地实践学习和教学指明了方向。原则 1 是最核心的：要学习，就必须激活与学习目标相关的神经元。这种激活会触发一系列生化机制，促进神经连接的产生和加强。然而，要建立与学习目标相关的神经连接，不仅要激活大脑，还需要正确地激活它，既要避免激活和强化不当的想法或策略，还要避开各种干扰源，以免激活与学习目标无关的神经元。

7项原则概念图

Activer ses neurones

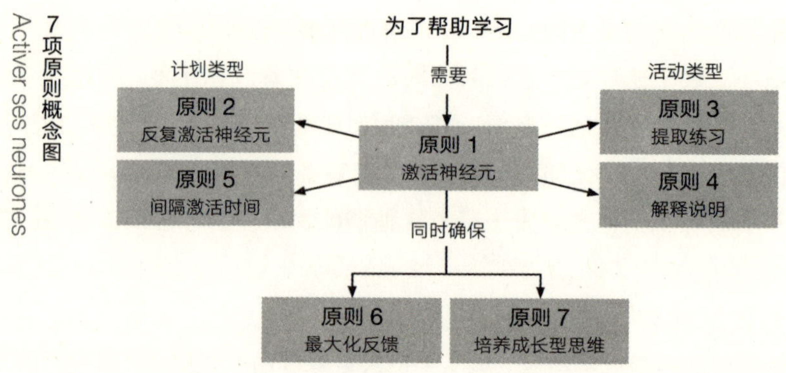

为了帮助学习和促进神经可塑性，必须以间隔的方式去反复激活神经元，包括从记忆中提取信息和进行解释说明的训练。在神经元激活过程中，还要确保最大化反馈和培养成长型思维。

原则 2 是原则 1 的延伸：要学习，必须反复激活与学习目标相关的神经元。单次激活对于强化学习所需的神经网络几乎没有什么作用，但是对同一组神经元的反复激活可以逐渐加强神经连接。这种强化很重要，因为它可以帮助学习者更轻松、更有效地完成学习任务。因此，为了促进学习，我们必须规划多个激活时间以强化神经连接并减少遗忘的概率。

为了有效地激活大脑，一般应当选择需要学习者积极参与并有所产出的学习活动。因此，原则 3 是一种对激活大脑和强化与学习相关的神经网络最有效的活动：提取练习。在这类活动中，学习者必须努力记住反复学习的信息。通过信息提取可以重新激活与学习目标相关的神经元，从而强化神经连接。提取练习可以通过多种方式完成，例如经常做测试、回答问题，等等。

原则 4 提出了另一种激活大脑神经元的活动：解释说明。这个活动不仅需要在记忆中提取学到的信息，还要将现有知识与新知识建立联系。然而，不能由此就认为解释说明比提取练习更有效，因为本书中讨论的一些研究表明，只有在具有足够的背景知识时，解释说明原则才是最有效的。因此，最好先通过提取练习来巩固知识，然后再进行解释说明练习。

原则 5 是制定激活计划。为了促进学习并最大限度地提高学习期间的效率，不仅需要计划多次激活，而且还要间隔激活神经元的时间。间隔激活可以优化每次激活对学习的效果，巩固神经网络。为了更好地学习，还需要把学习时段分散开，并交叉安排不同类型的学习。可以逐渐增加激活的间隔时间，以提高间隔的效果。

原则 5 都是围绕着激活神经元对学习的重要性以及提高激活效率的方法展开，而原则 6 则不同，因为它旨在调节神经连接的强弱。为了帮助大脑创建合适的神经连接，即那些可以让我们作出更好的预测和更有效的行动的神经连接，需要最大化反馈。反馈可以给大脑一个信号，告诉它是要修改还是要加强现有的神经连接。因此，需要尽可能多地寻求即时的、解释性的反馈，包括正面反馈和负面反馈。

促进学习的最后一个原则，是培养成长型思维。如果我们认为提高技能和学习是有可能的，那么大脑就会更多地得到激活，尤其是在收到负面反馈的情况下。因此，培养成长型思维可以优化反馈对大脑和学习的积极影响。要养成一种成长型思维，需要了解神经可塑性的概念，因为它解释了大脑之所以可以学习和进化的原因。此外，还要了解影响神经可塑性的因素，注意获取反馈和激励，并明白成功是一个需要努力和采用恰当策略的过程。

由于本书讨论的是 7 项普适性的原则，也就是说，它们适用于一切学习和所有学习者，因此，我们应该时刻尝试将它们全部应用起来。策略清单展示了本书中讨论的每个原则的应用策略。

为了最大限度地提高学习效果，在理想情况下，应该尽可能多地采用各种策略。鉴于大家可能已经在采用其中的一些策略，为了进一步优化学习效果，我们还应该努力采用那些我们不常用的策略。为了避免只用那些你已经习惯采用的策略，你可以参照策略清单，在制订学习计划时把这些策略都用上。通过这种方式，可以确保所有策略都在你的计划之中，包括那些你可能在无意识中忽略或忘记采用的策略。

通观全书，我们一直致力于更好地理解大脑以及影响大脑可塑性的机制。这种理解很重要，因为它不仅在一定程度上证实了每项原则的有效性，而且还为这些原则在不同环境中的有效运用提供了一个参考。事实上，尽管本书提出的都是一些尽可能有用且具体的原则和策略，实践中仍然需要根据具体的环境和现实的限制因素来对它们加以转换和调整。通过加深对支持这些原则和策略的理由的理解，大家也势必能够更加合理且有效地运用它们。

原则 1 激活神经元	原则 2 反复激活神经元
避免经常使用消极方法	规划多个激活时间
经常使用积极方法	避免练习太长时间
避开干扰源	巩固学习
避免激活不当的观念或策略	避免重复错误
原则 3 提取练习	**原则 4 解释说明**
经常做测试	用提问引导解释
经常回答问题	自我解释
留出时间进行记忆提取	预先拓展背景知识
给出提示	获得对解释准确性的反馈
原则 5 间隔激活时间	**原则 6 最大化反馈**
分散学习时段	寻求最大限度的反馈
逐步增加间隔时长	保持正面反馈和负面反馈的平衡
交叉学习	优选即时反馈
抵制集中学习更有效的直觉	优选解释性和任务导向性反馈

原则 7 培养成长型思维

了解神经可塑性的概念

明确神经可塑性是可以改变的

避免认为仅仅具备成长型思维就足以实现学习

提供符合成长型思维的反馈

为了促进学习，需要尝试应用本书介绍的 7 项原则。为此，有图中所示的多种策略可供使用。在每次制定学习计划的时候，你都应该尽可能多地尝试应用这些原则和策略。

全书秉持这样一个理念，即我们可以对我们的学生、孩子、同事以及我们自己的学习施加重要的影响。为了更好地学习，我们必须了解由大脑运行机制所决定的游戏规则，并明确那些符合大脑可塑性的原则和策略。这就是本书的主要目标：更好地了解大脑以便更好地促进学习。希望本书中提出的 7 项原则能够让每个人都发挥出自己的全部潜力。

Activer ses neurones

Pour mieux apprendre et enseigner

致 谢

首先，要感谢我有幸指导的几位优秀的硕士生和博士生：吉纳维芙·阿莱尔–杜克特（Geneviève Allaire-Duquette）、亚历山德拉·奥克莱尔（Alexandra Auclair）、杰雷米·布兰切特·萨拉辛（Jérémie Blanchette Sarrasin）、洛丽–玛琳·布劳特·弗瓦西（Lorie-Marlène Brault Foisy）、玛丽莲·拉罗斯（Marilyne Larose）、纪尧姆·马伦方特–罗比肖（Guillaume Malenfant-Robichaud）、索菲·迈克穆林（Sophie McMullin）以及卢西恩·内乔维奇（Lucian Nenciovici）。我们进行了热烈的讨论，这些讨论对本书的写作意义重大！

还要感谢我在魁北克蒙特利尔大学的同事，特别是我的合作者以及帕特里斯·波特文（Patrice Potvin）教授和马丁·里奥佩尔（Martin Riopel）教授，他们作为导师，在我的职业发展的关键时期给予了深切的信任。我永远感激他们。

还有几位合作者不在魁北克，但他们在多个研究项目中都慷慨地贡献了他们的专业知识，特别是丹尼尔·安萨里（Daniel Ansari）教授、格雷戈里·博斯特（Grégoire Borst）教授、斯坦尼斯拉斯·迪昂（Stanislas

Dehaene）教授、罗兰·格拉布纳（Roland Grabner）教授和奥利维尔·豪德（Olivier Houdé ）教授。在此向他们表示感谢。

特别要感谢我的孩子劳丽-安妮（Laurie-Anne）和埃默里克（Émeric），感谢他们对我的研究工作的兴趣和好奇心。还有我的妻子瓦莱丽·勒鲁（Valérie Leroux），20 多年来她不断地给予我坚定的支持和中肯的建议！我很庆幸有他们在我身边！

最后，我要感谢那些亲切地“叨扰”我，催我写这本书的老师们、家长们、培训师们和学生们。他们很多人都愿意抽出时间与我会面，在听过我的课或读了我的文章后给我写信表示感谢，并不断地向我提出具有建设性的建议。他们的奉献精神和他们对有助于学习的新知识和策略的持续求索，总是让我心存感动。他们是本书存在的主要意义。

Activer ses neurones

Pour mieux apprendre et enseigner

参考文献

考虑到环保的因素，也为了节省纸张、降低图书定价，本书编辑制作了电子版的参考文献。扫码查看本书全部参考文献内容。

Activver ses neurones

Pour mieux apprendre et enseigner

参考书目

考虑到环保的因素，也为了节省纸张、降低图书定价，本书编辑制作了电子版的参考书目。扫码查看本书全部参考书目内容。

未来，属于终身学习者

我这辈子遇到的聪明人（来自各行各业的聪明人）没有不每天阅读的——没有，一个都没有。巴菲特读书之多，我读书之多，可能会让你感到吃惊。孩子们都笑话我。他们觉得我是一本长了两条腿的书。

———查理·芒格

互联网改变了信息连接的方式；指数型技术在迅速颠覆着现有的商业世界；人工智能已经开始抢占人类的工作岗位……

未来，到底需要什么样的人才？

改变命运唯一的策略是你要变成终身学习者。未来世界将不再需要单一的技能型人才，而是需要具备完善的知识结构、极强逻辑思考力和高感知力的复合型人才。优秀的人往往通过阅读建立足够强大的抽象思维能力，获得异于众人的思考和整合能力。未来，将属于终身学习者！而阅读必定和终身学习形影不离。

很多人读书，追求的是干货，寻求的是立刻行之有效的解决方案。其实这是一种留在舒适区的阅读方法。在这个充满不确定性的年代，答案不会简单地出现在书里，因为生活根本就没有标准确切的答案，你也不能期望过去的经验能解决未来的问题。

而真正的阅读，应该在书中与智者同行思考，借他们的视角看到世界的多元性，提出比答案更重要的好问题，在不确定的时代中领先起跑。

湛庐阅读 App：与最聪明的人共同进化

有人常常把成本支出的焦点放在书价上，把读完一本书当作阅读的终结。其实不然。

时间是读者付出的最大阅读成本

怎么读是读者面临的最大阅读障碍

“读书破万卷”不仅仅在“万”，更重要的是在“破”！

现在，我们构建了全新的“湛庐阅读”App。它将成为你“破万卷”的新居所。在这里：

- 不用考虑读什么，你可以便捷找到纸书、电子书、有声书和各种声音产品；
- 你可以学会怎么读，你将发现集泛读、通读、精读于一体的阅读解决方案；
- 你会与作者、译者、专家、推荐人和阅读教练相遇，他们是优质思想的发源地；
- 你会与优秀的读者和终身学习者为伍，他们对阅读和学习有着持久的热情和源源不绝的内驱力。

下载湛庐阅读 App，
坚持亲自阅读，
有声书、电子书、阅读服务，
一站获得。

CHEERS

本书阅读资料包

给你便捷、高效、全面的阅读体验

本书参考资料

湛庐独家策划

- 参考文献
  为了环保、节约纸张，部分图书的参考文献以电子版方式提供
- 主题书单
  编辑精心推荐的延伸阅读书单，助你开启主题式阅读
- 图片资料
  提供部分图片的高清彩色原版大图，方便保存和分享

相关阅读服务

终身学习者必备

- 电子书
  便捷、高效，方便检索，易于携带，随时更新
- 有声书
  保护视力，随时随地，有温度、有情感地听本书
- 精读班
  2~4周，最懂这本书的人带你读完、读懂、读透这本好书
- 课　程
  课程权威专家给你开书单，带你快速浏览一个领域的知识概貌
- 讲　书
  30分钟，大咖给你讲本书，让你挑书不费劲

湛庐编辑为你独家呈现
助你更好获得书里和书外的思想和智慧，请扫码查收！

（阅读资料包的内容因书而异，最终以湛庐阅读App页面为准）

北京市版权局著作权合同登记号　图字：01-2022-2544

图书在版编目（CIP）数据

激活你的学习脑 /（加）史蒂夫・马森著；唐静译．-- 北京：中国财政经济出版社，2022.8
书名原文：ACTIVER SES NEURONES
ISBN　978-7-5223-1619-2

Ⅰ．①激…　Ⅱ．①史…　②唐…　Ⅲ．①学习方法　Ⅳ．① G442

中国版本图书馆 CIP 数据核字（2022）第 138758 号

责任编辑：尉　敏　　　　　　　责任校对：胡永立
封面设计：ablackcover.com　　　责任印制：张　健

激活你的学习脑
JIHUO NIDE XUEXINAO

中国财政经济出版社 出版
URL：http://www.cfeph.cn
E-mail:cfeph@cfemg.cn
（版权所有 翻印必究）
社址：北京市海淀区阜成路甲 28 号　　邮政编码：100142
营销中心电话：010-88191522
天猫网店：中国财政经济出版社旗舰店
网址：https：//zgczjjcbs.tmall.com
石家庄继文印刷有限公司印装　　各地新华书店经销
成品尺寸：170mm×230mm　　16 开　　13.5 印张　　150 000 字
2022 年 8 月第 1 版　　2022 年 8 月河北第 1 次印刷
定价：69.90 元
ISBN 978-7-5223-1619-2
（图书出现印装问题，本社负责调换，电话：010-88190548）
本社图书质量投诉电话：010-88190744
打击盗版举报热线：010-88191661　　QQ：2242791300